WOLFGANG MINCKE

Die finnische Rechtstheorie unter dem Einfluß der Analytischen Philosophie

Schriften zur Rechtstheorie

Heft 82

Die finnische Rechtstheorie unter dem Einfluß der Analytischen Philosophie

Von

Dr. Wolfgang Mincke

DUNCKER & HUMBLOT / BERLIN

D 6

Gedruckt 1979 bei Buchdruckerei Bruno Luck, Berlin 65
Printed in Germany
ISBN 3 428 04418 5

Für

Ellu und Georgik

Inhaltsverzeichnis

Einleitung

Die Analytische Philosophie

Die Analytische Philosophie ist kein einheitliches Denkgebäude, das durch bestimmte Lehrsätze charakterisiert werden könnte. Allen ihren Tendenzen gemeinsam ist aber die Ausrichtung auf die Sprache als zentralen Gegenstand.

Der Anstoß zu diesem Interesse an der Sprache kam von der Entdeckung einer neuen Logik (die genau genommen eine Wiederentdekkung war).

Bis zum Ende des vorigen Jahrhunderts war Logik gleichbedeutend mit Syllogistik. Die Syllogismen stellen einen recht starren Apparat von Schlußformen dar, die alle aus zwei Prämissen und einer Konklusion bestehen. Sie unterscheiden sich durch ihre logischen Konstanten, die die Form „alle ... sind ...", „kein ... ist ..." etc. haben. In diese Formeln können Begriffe eingesetzt werden. Die Syllogistik, die vor allem auf Aristoteles zurückgeht, kann man so als die Theorie der durch diese Formeln im Bereich der Universalbegriffe herstellbaren Relationen bezeichnen[1].

Für diese Logik ist entsprechend jede Wissenschaft durch die Systematik ihrer Begriffe aufgebaut. Andererseits sind dieser Logik nur diejenigen Schlüsse einer Wissenschaft zugänglich, für welche sich in der Syllogistik eine Schlußform findet[2].

Der Ansatz zu einer „anderen", grundlegenderen Logik findet sich schon bei Aristoteles[3]. Er wurde von den Stoikern weiterverfolgt, stand dann aber bis in unser Jahrhundert hinein ganz im Schatten der Syllogistik und wurde in seiner Bedeutung völlig verkannt[4]. Dieser Ansatz liegt der im Jahre 1879 erschienenen Arbeit von Gottlob Frege „Begriffsschrift. Eine der Sprache der Arithmetik nachgebildete formalisierte Sprache des reinen Denkens." zugrunde. In diesem Werk kann man den Beginn der modernen Logik sehen.

---

[1] Lukasiewicz, S. 14.

[2] Beispiele für Schlüsse, die durch Syllogismen nicht darstellbar sind, bei Wagner / Haag, S. 10.

[3] Lukasiewicz, S. 48 f.

[4] Vgl. die abwertende Würdigung noch zu Anfang dieses Jahrhunderts bei Maier, S. 384: „... ein dürftig ödes Bild formalistisch-grammatischer Prinzipien- und Haltlosigkeit".

Ein Syllogismus (hier der modus Barbara) hat traditionell die Gestalt:

> Alle Vögel sind Tiere.
> Alle Krähen sind Vögel.
> ———————————
> Alle Krähen sind Tiere.

Die durchgezogene Linie zeigt die Schlußfolgerung an.

Es scheint kein großer Unterschied darin zu liegen, wenn dieser Schluß die Form erhält: „Wenn alle Vögel Tiere sind und alle Krähen Vögel, dann sind alle Krähen Tiere." Hier darf man aber strenggenommen nicht mehr von einem Schluß reden. Es wird in diesem Satz nicht gefolgert, sondern es wird eine Behauptung aufgestellt. Der Unterschied liegt in der Verknüpfung der Aussagen.

Der Syllogismus verbindet drei Aussagen auf einer über diesen liegenden logischen Ebene durch eine Schlußform, die gültig oder ungültig sein kann, zu einer Folgerung. Die eigentliche Syllogistik endet bei der Frage nach der Gültigkeit dieser Schlußform. Im zweiten Fall werden die drei Aussagen dagegen wiederum zu einer — komplexeren — Aussage verbunden, die selbst, wie die Teilaussagen, wahr oder falsch sein kann.

Der Begriff der Wahrheit schafft eine gemeinsame logische Ebene, auf der sich der Gesamtsatz wie eine algebraische Funktion von seinen Teilsätzen abhängig zeigt. In der Struktur des Satzes, der wenn-dann-Konstruktion, kommen die Bedingungen seiner Wahrheit zum Ausdruck. Neben dieser Implikation gibt es eine Reihe weiterer logischer Verknüpfungen (Konjunktion, Disjunktion u. a.), mit denen sich grundsätzlich alle Wahrheitsbeziehungen von Aussagen beliebiger Komplexität darstellen lassen. Wesentlich ist, daß hier alle Arten von Sätzen verwandt werden können, sofern man nur von ihnen sinnvoll behaupten kann, sie seien wahr oder falsch.

Es ergibt sich hieraus die Möglichkeit, eine Wissenschaft nicht als ein System von Begriffen, sondern, elementarer, als ein System wahrer Aussagen anzusehen. Die Systematisierung setzt dann vor allem eine eingehende Analyse aller Sätze einer Wissenschaft voraus, um zu verhindern, daß sich in komplexen Sätzen einander widersprechende Aussagen verbergen.

Das Ideal wäre die Rückführung aller Sätze einer Wissenschaft auf ihre grundlegenden Aussagen, ihre Axiome, aus denen die übrigen Sätze nach anzugebenden Regeln ableitbar wären. Ein solcher Kalkül würde durch die Möglichkeit exakter Darstellung von Aussagen und Deduktionen eine ideale Wissenschaftssprache bedeuten.

Bei der Anwendung dieses Gedankens auf die Rechtswissenschaft ergibt sich allerdings eine besondere Schwierigkeit. Es gibt eine Fülle sprachlicher Äußerungen, die der Bedingung, wahrheitsfähig zu sein, nicht gerecht werden. Hierher gehören z. B. Fragen, Interjektionen, aber auch Sätze, die äußerlich durchaus als Aussagen erscheinen, wie eidliche Versicherungen, Tauf- und Eheschließungsformeln etc. John L. Austin hat diese als performative Äußerungen bezeichnet[5]. Zu diesen sind auch Befehle, Verbote und Erlaubnisse, mit denen es die Rechtswissenschaft vor allem zu tun hat, zu rechnen.

Eine bekannte Formulierung dieses Problems ist das sog. Jørgensensche Dilemma:

1. Normsätze können nicht sinnvoll als wahr oder falsch bezeichnet werden.
2. Logische Folgerungsbeziehungen sind Wahrheitsbeziehungen.
3. Logische Folgerungsbeziehungen kann es also zwischen Normsätzen nicht geben. Trotzdem werden in der Praxis mit evidenter Gültigkeit Normsätze aus Normsätzen abgeleitet[6].

Ein Weg aus dieser Schwierigkeit wurde zunächst darin gesehen, daß den Normen entsprechende Aussagen zur Seite gestellt werden, auf die die Regeln der Aussagenlogik anwendbar sind. So wurde die Norm durch eine Aussage über Verhalten und Sanktion ersetzt[7], die Erfüllung eines Befehls wurde analog der Wahrheit einer Aussage gesehen[8], der Befehl wurde in einen Imperativ- und einen Indikativbestandteil zerlegt[9], die Wahrheit der Aussagenlogik wurde als Gültigkeit betrachtet[10].

Die Verlagerung des normativen Elements in die Interpretation von Aussagen bei diesen Ansätzen stellt aber keinen vollwertigen Ausweg dar. Bedeutet z. B. die Verneinung einer Verbotsnorm die Verneinung einer Sanktion oder die Ungültigkeit des Verbots, bleibt offen, ob die betreffende Handlung nun erlaubt oder sogar befohlen ist. Die Handlung ist insoweit in solchen Kalkülen normativ nicht determiniert. Dies ist als wesentlicher Mangel dieser Kalküle zu sehen.

Den Weg zu einer Lösung dieses Problems zeigte Georg Henrik von Wright in seinem im Jahre 1951 erschienenen Artikel „Deontic Logic“. Er entwickelte eine Normenlogik in Analogie zu den in der Logik schon etablierten Logiken der alethischen, epistemischen und existentiellen Modalitäten[11]. Er stellte fest, daß die Modalitäten des Befohlen- und Verbotenseins sich durch Negation aus dem Erlaubtsein ableiten las-

[5] Austin, S. 1 ff.
[6] Jørgensen, Imperatives, S. 288 ff.; vgl. Wagner / Haag, S. 78 f.
[7] Vgl. Bohnert, S. 302 ff.
[8] Vgl. Hofstadter / McKinsey, S. 446 ff.
[9] Vgl. Jørgensen, Imperatives, S. 291 f.
[10] Vgl. Ross, Imperatives, S. 301 f.
[11] v. Wright, Deontische Logik, S. 1.

sen[12]. Drückt Pq aus, daß die Handlung q erlaubt ist, so kann man durch die Verneinung $\sim Pq$ ausdrücken, daß q nicht erlaubt, also verboten ist und durch $\sim P \sim q$, daß es nicht erlaubt ist, q nicht zu tun, daß q also befohlen ist.

Man kann dies vielleicht so verstehen, daß die Modalitäten „geboten", „verboten" und „erlaubt" einen eigenen kleinen Kalkül von Aussagen über andere Aussagen darstellen. In einem deontischen Kalkül fänden sich danach Aussagen über Handlungen und auf einer Metaebene Aussagen über diese Aussagen, die angeben, ob die Handlungen befohlen, verboten oder erlaubt sind.

Dieser Kalkül der deontischen Logik soll hier nicht näher dargestellt werden. Es sei aber angemerkt, daß in ihm neue Probleme auftreten. Mit ihnen, vor allem mit dem nicht eindeutigen Begriff der Erlaubnis selbst, hat v. Wright sich in späteren Arbeiten auseinandergesetzt[13].

Gegen diese deontische Logik ist auch eingewandt worden, es handle sich bei ihr nicht um die Formalisierung einer normativen Sprache, sondern nur um eine Sprache über Normen[14]. Dies räumt v. Wright selbst ein[15]. Man könnte der Kritik entgegenhalten, daß sie den Nachweis schuldig bleibt, daß hierin eine Einschränkung der Leistungsfähigkeit dieser Logik liegt. Wenn ein deskriptives System aber in seiner Leistungsfähigkeit einem präskriptiven (was immer das sein mag) nicht nachsteht, so bleibt als Vorteil des letzteren höchstens ein für die Normlogik unbeachtliches psychologisches Normerlebnis.

In formalisierten Systemen werden Aussagen durch Buchstaben repräsentiert. Der Buchstabe kann für einen Satz, aber auch für mehrere, er kann für das ganze Universum stehen, denn er hat in der Aussagenlogik zunächst nur die Bedeutung, Träger der Angabe zu sein, ob die repräsentierte Aussage wahr ist. Solange das Interesse nur auf die aussagenlogischen Beziehungen, die Wahrheitsverhältnisse unter Sätzen gerichtet ist, werden die Wahrheitswerte willkürlich gesetzt.

Das ist anders, sobald ein logischer Kalkül interpretiert wird, sobald die in ihm vorkommenden Sätze als Aussagen über irgendwelche Tatbestände angesehen werden. Dies ist der Fall, wenn man die Sätze einer Wissenschaft in einen Kalkül fassen will. Hier wird ein Maßstab erforderlich, der angibt, wann eine wissenschaftliche Aussage als wahr angesehen werden kann.

Der Logische Empirismus fand diesen Maßstab in seiner Verifikationsthese. Danach sind als grundlegende Aussagen einer Wissenschaft

---

[12] v. Wright, Deontische Logik, S. 4.

[13] v. Wright, Essay, S. 22 ff.; vgl. Stegmüller II, S. 162 ff.

[14] Wagner / Haag, S. 102; Weinberger, S. 89.

[15] v. Wright, Essay, S. 93.

nur solche Sätze zugelassen, deren Wahrheit unmittelbar durch sinnliche Wahrnehmung kontrolliert werden kann. Sätze, bei denen das nicht möglich ist, sind sinnlos. Ein langer Streit ist darüber geführt worden, welche Folgen das für den Inhalt der Sprache habe, ob alle Sätze letztlich auf Sinnesdaten zurückführbar sein müssen (Phänomenalismus) oder z. B. auf Aussagen über die physische Wirklichkeit (Physikalismus).

Dieser Streit, wie auch die Frage der Kontrollierbarkeit überhaupt, kann aber unabhängig von der logisch-kalkülisierenden Behandlung von Wissenschaften gesehen werden[16]. Allerdings vereinigen sich in der Analytischen Philosophie schon recht früh, z. B. bei Mach, Russell und Wittgenstein die logischen Untersuchungen mit einer metaphysikkritischen Haltung. Und sofern man um eine wirklichkeitsrelevante Sprache bemüht ist, scheint sich ein am Kriterium empirischer Verifizierbarkeit orientiertes Sprachverhalten durchaus anzubieten. Bei rechtswissenschaftlichen Sätzen führt dieses Kriterium aber offensichtlich in Schwierigkeiten. Noch sehr viel schwieriger als für die Naturwissenschaften ist es für die Rechtswissenschaft anzugeben, was ihre beobachtbare Wirklichkeit ist.

Unmittelbar aus dem Kalkülisierungsgedanken erwächst der Anspruch an die Exaktheit der Sprache. Nur in Sprachen, die hinsichtlich Struktur und Bedeutung klar sind, hat eine Kalkülisierung überhaupt einen Sinn.

Klassisch geworden sind die drei Aspekte, die Rudolf Carnap bei der Untersuchung von Sprachen unterscheidet: die Syntaktik, die Semantik und die Pragmatik, die unter dem Begriff Semiotik zusammengefaßt werden. Die Syntaktik untersucht, wie in einer Sprache Ausdrücke gebildet, umgeformt und ersetzt werden können. Die Semantik fragt nach der Bedeutung von Ausdrücken, betrifft also das Verhältnis von Ausdruck und Bezeichnetem. Die Pragmatik untersucht die Sprache in Anwendungssituationen und bezieht den Sprachbenutzer ein. Bei der Untersuchung exakter Wissenschaftssprachen kommen vor allem der erste und der zweite Aspekt zur Geltung.

Gegen Ende der dreißiger Jahre[17] vollzog sich eine Wende in der Analytischen Philosophie. Anstelle der Behandlung von Sprachen als Kalkülen trat die Beschäftigung mit Problemen der Sprachbedeutung in den Vordergrund. Die semantischen Begriffe selbst, „Bedeutung“, „Name“, „Wort“, „Satz“, „Wahrheit“ usw. bildeten nun den Gegenstand der Untersuchung.

---

[16] Stegmüller I, S. 422.

[17] v. Wright gibt als Zeitpunkt den Kongreß der logischen Empiristen in Cambridge (Mass.) im Jahre 1939 an; s. Logik, Philosophie und Sprache, S. 182 i. d. Fn.

Semantische Probleme waren u. a. schon von Frege und Russell behandelt worden. Insofern setzte die Entwicklung eine Tradition der Analytischen Philosophie fort. Dies wird man aber wohl nur für einen der beiden Zweige, die sich in dieser Entwicklung zeigten, gelten lassen können, die philosophische Semantik, zu deren hervorragenden Vertretern Tarski, Carnap und Quine gehören.

Für den anderen Zweig steht exemplarisch Wittgensteins Spätphilosophie der „Philosophischen Untersuchungen". Ihr liegt die Erkenntnis zugrunde, daß die Wörter und Sätze der Sprache, die in der alltäglichen und auch in der philosophischen Kommunikation benutzt werden, sich nicht wie Zeichen eines Systems verhalten. Außerdem verwirft er den Gedanken, daß die Sprache die Welt in der Weise abbildet, daß man von Wörtern als Namen von Gegenständen sprechen könnte. Damit wird hier der Wert einer durch logische Analyse erreichbaren Erkenntnis in Frage gestellt.

Wittgenstein gibt das Ideal einer exakten Sprache auf. Gerade das Streben nach diesem Ideal sieht er als Ursache philosophischer Verwirrungen an[18]. Sein Ziel ist aber, „daß die philosophischen Probleme vollkommen verschwinden sollen"[19]. Philosophie soll zum „Kampf gegen die Verhexung des Verstandes durch die Mittel der Sprache" werden[20]. Die Bedeutung von Sprache zeigt sich nicht in Definitionen, sondern in ihrer Anwendung. Die Bedeutung *ist* der Gebrauch der Sprache, der mit verschiedenen Anwendungssituationen wechselt[21].

Die analytische Rechtstheorie in Finnland

Die Entwicklung der Rechtswissenschaft ist in Finnland bis zum zweiten Weltkrieg wesentlich durch wechselvolle politische Umstände bestimmt worden.

Grundlage der finnischen Rechtsordnung ist heute noch das im Jahre 1734 für Schweden und damit auch für dessen damalige Provinz Finnland erlassene Allmän Lag. Dieses kasuistisch aufgebaute Gesetz ist zwar im Laufe der Zeit in allen wesentlichen Teilen durch neuere Gesetzgebung ersetzt worden, als Rahmen der Rechtsordnung scheint es aber an vielen Stellen auch im modernen finnischen Recht durch.

Von 1809 bis 1917 hatte Finnland den Status eines autonomen Großherzogtums unter dem russischen Zaren. Die großen Bewegungen der Rechtswissenschaft in Mitteleuropa strahlten damals auch nach Finn-

---

[18] Wittgenstein, Philosophische Untersuchungen I, § 105 ff.
[19] Wittgenstein, Philosophische Untersuchungen I, § 133.
[20] Wittgenstein, Philosophische Untersuchungen I, § 109.
[21] Wittgenstein, Philosophische Untersuchungen I, § 43, 139 ff.

land aus, einer grundlegenden Neuordnung stand aber die Befürchtung entgegen, daß dies von Rußland für eine massive Einflußnahme ausgenützt werden könnte. Der Kampf um die konstitutionellen Rechte trat seit den neunziger Jahren des vorigen Jahrhunderts ganz in den Mittelpunkt des Rechtslebens[1].

Aarnio zeigt einen soziologischen Aspekt, der in engem Zusammenhang mit der geschichtlichen Entwicklung zu sehen ist: Gegen Ende des 19. Jahrhunderts trafen in Finnland ein durch die Industrialisierung gestiegener Bedarf an Juristen und der Rückzug des schwedischsprachigen Bevölkerungsteils aus den juristischen Berufen zusammen. Dessen Berufschancen waren durch seine schroffe Opposition gegen den russischen Einfluß stark gemindert. Beide Faktoren zusammen führten zu einer praxisbezogenen Juristenausbildung in einer sozial gewandelten Studentenschaft[2].

Die Bedingungen für eine philosophisch-theoretische Beschäftigung mit dem Recht waren damit äußerst ungünstig und es erscheint erklärlich, daß bis zum zweiten Weltkrieg nur eine geringe Zahl von rechtswissenschaftlichen Schriften theoretischen Inhalts erschienen ist[3]. Auch unter historischem Aspekt sind die in der finnischen Rechtswissenschaft wirksamen Einflüsse kaum behandelt worden[4]. Das vor allem seit dem zweiten Weltkrieg hervortretende Interesse für theoretische Fragen konnte deshalb nicht an eine Tradition anknüpfen. Das bedeutet andrerseits, daß diese Bewegung[5] nicht durch überlieferte Betrachtungsweisen vorbelastet ist. Für die Erprobung neuer Gedanken kann man sich diese Situation sogar als vorteilhaft vorstellen.

Eine Schlüsselstellung für die Nachkriegsentwicklung nehmen die Person und das Werk Otto Brusiins ein. Auch er läßt sich mit seinem — vor allem soziologisch geprägten — Denken kaum einer bestimmten Richtung zuordnen, und er kann auch nicht als Begründer einer Schule angesehen werden. Sein persönlicher Einsatz aber scheint in Finnland ein breiteres Interesse für rechtstheoretische Fragen geweckt zu haben[6].

Auch für das Eindringen von Gedanken gerade der Analytischen Philosophie in die finnische Rechtswissenschaft lassen sich Gründe nennen. Der skandinavische Rechtsrealismus hat auch Finnland beeinflußt[7]. Die dieser rechtstheoretischen Richtung zugrundeliegende Philo-

---

[1] Blomstedt, S. 15 ff.

[2] Aarnio, Entwicklunglinien, S. 342 f.

[3] Aarnio, Entwicklungslinien, S. 344 f.

[4] Makkonen, Ideengeschichte, S. 151.

[5] Eine Darstellung ihres Umfangs findet sich in Makkonen, Finnische Rechtstheorie.

[6] Aarnio, Entwicklungslinien, S. 348 f.

[7] Vgl. Makkonen, Finnische Rechtstheorie, S. 96.

sophie der Uppsala-Schule hat Berührungspunkte mit der Analytischen Philosophie. Beide treffen sich in ihrer sprach- und metaphysikkritischen Haltung[8]. Es bietet sich die — hier nicht näher zu belegende — These an, daß der skandinavische Rechtsrealismus der Analytischen Philosophie in der finnischen Rechtswissenschaft den Boden bereitet hat. Hierfür sprechen auch die zahlreichen Bezugnahmen und Auseinandersetzungen mit dem skandinavischen Rechtsrealismus in der finnischen Rechtstheorie.

Die Analytische Philosophie hatte auch in Finnland recht früh einen Vertreter. Eino Kaila (1890—1958) wird mit seinem Schaffen dem logischen Empirismus zugerechnet[9]. Die Analytische Philosophie hat in Finnland rasch Resonanz gefunden. Auch heute findet sich in Finnland eine Reihe von Philosophen dieser Richtung mit internationalem Ruf, von denen G. H. v. Wright, Erik Stenius und Jaakko Hintikka bei uns die bekanntesten sein dürften. Besonders unter dem Aspekt, daß Bindungen an andere Richtungen nicht vorhanden waren, erscheint es nur natürlich, daß die Rechtstheorie sich von dieser Philosophie anregen ließ.

Auch in Finnland steht die analytische Rechtstheorie aber keineswegs unangefochten da. Sie ist auf einen recht engen Kreis begrenzt geblieben und muß sich einer z. T. recht heftigen Kritik erwehren[10].

Ein Einblick in das Denken dieser Richtung soll anhand einiger wichtiger Werke dreier Autoren, Osvi Lahtinen (1912—1967), Kaarle Makkonen und Aulis Aarnio gegeben werden. Hierin liegt eine Beschränkung vor allem deshalb, weil die gesamte sog. analytische Rechtswissenschaft außer Betracht bleibt. Deren Arbeiten sind auch methodisch-theoretisch relevant. Ihr hervorragendster Vertreter, Simo Zitting, hat z. B. unter Verwendung von Vorarbeiten von Alf Ross und W. N. Hohfeld den Eigentumsbegriff untersucht. Diese Richtung soll hier aber als dogmatische verstanden werden und außerhalb des Gesichtskreises dieser Arbeit bleiben.

---

[8] s. Vogel, S. 34 f.

[9] v. Wright, Logik, Philosophie und Sprache, S. 166.

[10] Vgl. Makkonen, Finnische Rechtstheorie, insb. S. 102.

A. Osvi Lahtinen
Zum Aufbau der rechtlichen Grundlagen

I. Wissenschaftsbegriff und Methode

Lahtinens Hauptwerk ist seine Habilitationsschrift „Zum Aufbau der rechtlichen Grundlagen" aus dem Jahre 1951. Sein Ziel ist es, die Rechtswissenschaft auf eine Grundlage zu stellen, die strengen wissenschaftlichen Maßstäben gerecht wird.

„Wissenschaftlich" ist bei ihm ausschließlich durch die Kriterien der Deskriptivität und der empirischen Verifizierbarkeit bestimmt. Diesen Kriterien müssen rechtlich relevante Tätigkeiten auf allen Ebenen genügen, um als wissenschaftlich angesehen werden zu können. Kriterium für das Gegenteil, „unwissenschaftlich", ist, daß in einer Aussage ein „gefühlsmäßiges Element" vorhanden ist[1]. Zwar sieht er auch Sätze, die ein derartiges Element enthalten als Aussagen über die Wirklichkeit an, d. h. auch sie sind deskriptiv, mit Jørgensen sieht er aber bei ihnen die für die wissenschaftliche Verifizierbarkeit zu fordernde Gleichmäßigkeit nicht gegeben. Lahtinen sagt, daß man „im allgemeinen nicht wissen kann, was für Erscheinungen es sind, die die von der Gefühlssprache ausgedrückten Gefühlserlebnisse hervorgerufen haben"[2]. Er sieht eine Gefühls- und eine Wahrnehmungssprache sich gegenüberstehen, die gegenseitig nicht übersetzbar sind.

Ein gefühlsmäßiges Element ist für Lahtinen grundsätzlich in jeder Wertung enthalten. Zwar könnten auch Wertungen zunächst kognitiv begründet werden, z. B. durch Hinweis auf die positiven Folgen einer bestimmten Wertentscheidung. Dieses Verfahren ende aber immer mit dem Rekurs auf eine gefühlsmäßige Entscheidung[3].

Aufgrund dieser Voraussetzungen kommt Lahtinen zu dem Schluß, daß nur die eigentliche Rechtswissenschaft diesem Kriterium gerecht werden könne. Der Gesetzgeber müsse bei der Bildung von Normen notwendig werten[4]. In derselben Lage sei der Richter, wenn er eine im Gesetz nicht geregelte Situation zu beurteilen habe oder ihm ein Beurteilungsspielraum oder Ermessen eingeräumt sei[5]. Die Bestimmung

[1] Lahtinen, Aufbau, S. 49.
[2] Lahtinen, Aufbau, S. 50.
[3] Lahtinen, Aufbau, S. 45.
[4] Lahtinen, Aufbau, S. 45 ff.
[5] Lahtinen, Aufbau, S. 47.

eines verifizierbaren Gehalts grundlegender rechtswissenschaftlicher Begriffe bildet so den wesentlichen Inhalt seiner Untersuchung. Hierbei sieht er sich selbst in Opposition zu einer stark idealistisch geprägten Tradition mitteleuropäischer Rechtsphilosophie[6].

Lahtinens Verfahren setzt am Begriff der „Bedeutungsrelation" an. Dieser beinhaltet zweierlei, erstens, daß das Wort als Symbol sich trennen läßt von dem, was es bezeichnet und zweitens, als hieraus unmittelbar zu ziehender Schluß, daß die Bedeutung eines Wortes auf Übereinkunft beruht und damit frei vereinbart werden kann[7].

Die Freiheit der Verfügung über die Bedeutung von Begriffen wird dadurch begrenzt, daß als Bedeutung nur empirische Erscheinungen zugelassen sind[8], daß es möglich sein solle, „mit der gewählten Bedeutung folgerichtig und möglichst einfach zu operieren und, daß die akzeptierte Anwendungsweise dieses Wortes wenigstens einigermaßen mit dem herrschenden Sprachgebrauch zusammenfällt"[9].

Mit der Forderung folgerichtiger und möglichst einfacher Operation ist das konstruktive Element in Lahtinens Methode angesprochen. Er bezieht sich auf ein von Jørgensen für Naturwissenschaften beschriebenes Verfahren wissenschaftlicher Systematisierung. Um eine Erscheinung in einem wissenschaftlichen System klassifizieren zu können, muß man ihre wesentlichen Eigenschaften kennen. Die wesentlichen Eigenschaften aber sind es, die das Klassifikationssystem bestimmen. Dieser Zirkel wird überwunden, indem Definitionen versuchsweise eingesetzt werden. Als beste Definition ergibt sich diejenige, die zum einfachsten System führt[10].

II. Ergebnisse

1. Fordern und Sollen

Lahtinen geht für seine Untersuchung rechtswissenschaftlicher Begriffe von einem Grundschema rechtlicher Situationen aus. Er sieht jeweils eine Situation (s) gegeben, in der ein bestimmtes Verhalten (g) geboten ist und in der auf ein Ausbleiben dieses Verhaltens eine behördliche Reaktion (r) erfolgt. Dies wird symbolisiert in den Formeln

$$s \rightarrow g \text{ und } -g \rightarrow r^{11}.$$

---

[6] s. Lahtinens Kritik, Aufbau, S. 52 ff., 93 ff.

[7] Lahtinen, Aufbau, S. 86.

[8] Lahtinen, Aufbau, S. 79, 87.

[9] Lahtinen, Aufbau, S. 79.

[10] Lahtinen, Aufbau, S. 88 f., vgl. Jørgensen, Einführung, S. 72.

[11] Lahtinen, Aufbau, S. 15 ff.

Lahtinen sieht diese Formalisierung als auf allen Rechtsgebieten gültig an, im Zivil- wie im Strafrecht, im Steuerrecht und z. B. auch in dem Fall, daß bei Beteiligung eines Unzurechnungsfähigen eine Fürsorgemaßnahme angeordnet wird[12].

In Anlehnung an diese Formeln definiert Lahtinen „Fordern" so, daß „eine Privatperson oder eine Behörde zu einem bestimmten Mittel gegriffen hat, um zu erreichen, daß eine andere Person sich auf eine bestimmte Weise verhält"[13].

Es kann nun zweifelhaft erscheinen, ob man bei einem Unzurechnungsfähigen wirklich von dem Verhalten g als gefordertem Verhalten sprechen kann. Lahtinen bewahrt aber die Allgemeingültigkeit seiner Formeln, indem er das Fordern differenziert. Er unterscheidet ein sprachlich-imperativisches und ein nicht-sprachliches Fordern. Diese Unterscheidung stellt auf die Fähigkeit ab, einen sprachlichen Befehl zu verstehen. Dort wo der Imperativ nicht verstanden wird, benutzt der Gesetzgeber ein nicht-sprachliches Mittel, „um zu erreichen, daß der Unzurechnungsfähige sich auf bestimmte Weise verhält". Es wird also auch vom Unzurechnungsfähigen ein bestimmtes Verhalten gefordert[14]. Es tritt hier neben das imperativische Gebot ein — von Lahtinen nicht näher geklärter — Verhaltenszwang, der das Fordern enthält.

Vom Imperativ löst Lahtinen sich bei der Klärung des „Sollens". Der Gedanke der Bedeutungsrelation legt es ihm hier nahe, den Begriff nach den Situationen zu bestimmen, in denen er angewandt wird, anstatt ihn gegenständlich zu betrachten. Lahtinens Definition stützt sich vor allem auf Geigers Ausführungen zum Begriff der Verbindlichkeit[15]: Das „Sollen" besteht darin, daß sich eine Reaktion gegen eine Person richtet, wenn diese sich dem Fordern zuwider verhält[16].

Bei dieser Bestimmung des Begriffs besteht offensichtlich keine vollständige Entsprechung zwischen „Fordern" und „Sollen", da die Definition das „Fordern" schon voraussetzt. Das ist Lahtinen bewußt und wird vor ihm so erklärt, daß das Fordern dem Sollen zeitlich vorausgeht. Wo das Fordern ausgeblieben ist, läßt er den Ausdruck „Du sollst" auch dieses Fordern enthalten[17].

Aus dieser Definition schließt Lahtinen, daß man eine Rechtsnorm, die behauptet, daß sich jemand auf bestimmte Weise zu verhalten habe, auch als Behauptung, daß auf ein abweichendes Verhalten eine Reak-

---

[12] Lahtinen, Aufbau, S. 15 f.
[13] Lahtinen, Aufbau, S. 21.
[14] Lahtinen, Aufbau, S. 24 f.
[15] Vgl. Geiger, S. 32 ff.
[16] Lahtinen, Aufbau, S. 73 f.
[17] Lahtinen, Aufbau, S. 73 Fn. 1.

tion erfolgt, ansehen kann. Als eine solche Behauptung kann die Rechtsnorm dann richtig oder falsch sein[18].

2. Recht und Norm

Der Erörterung der Begriffe Recht und Norm widmet Lahtinen in seiner Untersuchung den größten Raum.

Zur Klärung des Begriffs Recht setzt er wieder bei den genannten Formeln an:

> „Man hält für Recht, daß z. B. der Schuldner seine Schuld bezahlt. Wenn das nicht geschieht, hält man sein Verhalten für unrecht und von Seiten der Organe der Gesellschaft werden gegen ihn Reaktionen vorgenommen. Hier ist eine typische Situation, wo man unserer Meinung nach das Wort *Recht* anwenden kann. Wir definieren das Wort *Recht* so, daß es die für recht gehaltene Folgerelation $s \rightarrow g$ (d. h. z. B. daß auf ein Darlehen die Bezahlung erfolgt) bezeichnet. Aber die Existenz der für recht gehaltenen Folgerelation ist nicht ausreichender Grund für die Anwendung des Wortes *Recht*. Man verlangt darüber hinaus außerdem, daß man, wenn es notwendig ist, von Seiten der Organe der Gesellschaft zu Zwangsmitteln oder Organreaktionen wegen eines für unrecht gehaltenen Verhaltens greifen kann. Mit dem Wort *Recht* bezeichnen wir also eine Folgerelation, aber nur unter der Voraussetzung, daß es auch eine Stellungnahme gibt, die angibt, ob das Verhalten recht oder unrecht ist, und die Möglichkeit einer Organreaktion[19].

Die Notwendigkeit einer Sanktionsmöglichkeit in dieser Definition, als Voraussetzung für den Gebrauch des Begriffs Recht, schließt konsequent an die Definition von „Sollen" an. Als weitere Konsequenz wird dann aber der lex imperfecta, den Regeln für das Handeln höchster Staatsorgane und dem internationalen Recht die Bezeichnung Recht vorenthalten, da es bei diesen keine Sanktion gebe[20].

Wichtig ist für Lahtinen, daß seine Definition unabhängig von inhaltlichen Festlegungen ist; nur so sei eine allgemeine, von konkreten Rechtsordnungen gelöste Bestimmung des Begriffs Recht möglich. Gerade da, wo versucht werde, den Begriff allgemein inhaltlich zu bestimmen, sieht er die Gefahr auf eine nicht verifizierbare Rechtsidee zurückgreifen zu müssen[21].

Ein inhaltliches Element könnte in der nach Lahtinens Definition notwendigen „Stellungnahme" liegen. Diese gehört aber nicht zur Bedeutung des Begriffs Recht, sondern ist ausdrücklich nur Voraussetzung seines Gebrauchs[22]. Hierin ist wohl der wesentliche Punkt in Lahtinens Begriffsbestimmung zu sehen. In der Stellungnahme ist das normative

---

[18] Lahtinen, Aufbau, S. 75.

[19] Lahtinen, Aufbau, S. 79 f.

[20] Lahtinen, Aufbau, S. 115 ff.

[21] Lahtinen, Aufbau, S. 92.

[22] Lahtinen, Aufbau, S. 168.

Element enthalten. Indem Lahtinen die Stellungnahme aus dem Begriff Recht herausnimmt, entzieht er ihm also das normative Element. Es bleibt danach als Bedeutung die Folgerelation, die keine nichtdeskriptiven Elemente mehr enthält. Damit hätte Lahtinen seine Aufgabe, deskriptiven Begriffen einen verifizierbaren Inhalt zu geben, in Bezug auf den Begriff Recht erfüllt.

Die Stellungnahme sieht Lahtinen darin,

„daß eine beifällige oder ablehnende Einstellung (attitude) in Hinsicht auf ein Verhaltensereignis vorgenommen wird und daß dieser Einstellung Ausdruck gegeben wird“[23].

Im Bereich des Rechts sind Normen und Gesetze solche Stellungnahmen[24].

Wie bei Begriffen wendet Lahtinen bei der Stellungnahme den Gedanken der Bedeutungsrelationen an und unterscheidet bei ihr ein Zeichen- und ein Bedeutungselement. Die Bedeutung ist hier der beschriebene Vorfall selbst, das Zeichen der sprachliche oder — bei konkludentem Handeln — auch nichtsprachliche Ausdruck, der auf den Vorfall hinweist[25]. Bei Normen wird entsprechend als Bedeutung ein Verhalten, in Bezug auf welches in ihnen eine Einstellung zum Ausdruck gebracht wird und als Zeichen ihr (sprachlicher) Ausdruck unterschieden[26].

Zum Nachweis der Notwendigkeit dieser Unterscheidung führt Lahtinen mehrere Beispiele an. So soll sich unter dem Gesichtspunkt der Bedeutungsrelation aus den typischerweise als Sanktionsnormen abgefaßten Strafrechtssätzen auch die primäre Verbotsnorm ergeben[27]. Die Frage, ob Legaldefinitionen Rechtssätze sind, läßt sich so beantworten, daß hier die Zeichenelemente einer Norm auf verschiedene Sätze aufgeteilt sind[28].

Lahtinen untersucht die Normen vor allem unter dem Aspekt, inwieweit Normsätze (die Zeichenelemente der Normen) deskriptiv sind. Er findet eine Skala, die von eindeutig deskriptiven Begriffen wie „links“ und „rechts“ über „Eigentum“, „schwere Körperverletzung“, „Treu und Glauben“, „gute Sitten“ bis zu allgemeinen Anweisungen an das Gericht reicht (nach § 7 finn. EheG v. 1929 erwägt das Gericht nach Auflösung eines Verlöbnisses im Falle, daß ein Geschenk nicht zurückgegeben werden kann, ob sein Wert zu ersetzen ist). Diese Skala reicht

[23] Lahtinen, Aufbau, S. 124.
[24] ebenda
[25] Lahtinen, Aufbau, S. 123.
[26] Lahtinen, Aufbau, S. 124.
[27] Lahtinen, Aufbau, S. 131.
[28] Lahtinen, Aufbau, S. 131 f.

von eindeutigen „Wahrnehmungsnormen“ zu eindeutigen „Gefühlsnormen“[29].

Die Stellungnahme „recht“ oder „unrecht“ ist letztlich zwar immer gefühlsmäßig begründet (s. o. A I), bei den Wahrnehmungsnormen hat diese Entscheidung aber beim Gesetzgeber gelegen. Der Richter kann nach der Stellungnahme des Gesetzgebers seine Entscheidung ausschließlich aufgrund empirischer Wahrnehmungen fällen[30]. Bei den Gefühlsnormen dagegen liegt die Stellungnahme beim Entscheidenden selbst[31].

3. Rechtsquellen

Bei der Rechtsquellenproblematik gerät Lahtinen vor ein terminologisches Problem. Offensichtlich geht es hier nicht um die Herkunft der Folgerelation, die für ihn Bedeutung des Begriffs Recht ist, sondern um die Herkunft der Stellungnahme, die er aus dem Begriff Recht herausgenommen hat. Deshalb hält er „Quelle der rechtlichen Stellungnahme“ für den angemesseneren Ausdruck[32].

Er formuliert das Rechtsquellenproblem durch die Frage: „Welche Stellungnahme soll die Grundlage der Entscheidung bilden, m. a. W. welches ist die rechtliche Stellungnahme[33]?“ Lahtinen sieht diese Formulierung selbst als sehr weit an, obwohl man zweifeln könnte, ob sie wegen ihrer Weite ungewöhnlich ist oder wegen der Richtung der Frage. In dieser Formulierung scheint eher nach der anwendbaren Norm selbst, als nach ihrer Herkunft gefragt zu sein. Lahtinen wählt sie, um nicht schon durch die Fragestellung mögliche Antworten auszuschließen[34]. Diese Öffnung wird vor allem durch die Anerkennung einer weitgehenden Beteiligung des Gefühls an der Entscheidung erforderlich.

Lahtinen unterscheidet drei Rechtsquellen; erstens das Gesetz und die „Gewohnheitsstellungnahme“, zweitens die Analogie und drittens die gefühlsmäßige Entscheidung des Richters[35]. Dem Gesetz und der Gewohnheitsstellungnahme ist die Stellungnahme unmittelbar zu entnehmen. Bei der Analogie sind materielle Elemente für die Formulierung der Stellungnahme vorgegeben. Bei der dritten Rechtsquelle hat der Richter freie Hand, „er entscheidet die Sache dann so, wie es seiner

---

[29] Lahtinen, Aufbau, S. 137 ff.
[30] Lahtinen, Aufbau, S. 141.
[31] Lahtinen, Aufbau, S. 144.
[32] Lahtinen, Aufbau, S. 165 Fn. 1.
[33] Lahtinen, Aufbau, S. 165.
[34] Lahtinen, Aufbau, S. 165 ff.
[35] Lahtinen, Aufbau, S. 167.

Stellungnahme nach recht ist. Die Entscheidung wird gefühlsmäßig vorgenommen“[36].

4. Geltung

Die uneingeschränkte Zulassung des Gefühls als Rechtsquelle muß Folgen für den Umfang des Begriffs der Geltung haben. Es findet sich bei Lahtinen auch eine Aussage, die dies andeutet, allerdings in einem Zusammenhang, in dem nicht ausdrücklich von Geltung die Rede ist: „Von einem wissenschaftlichen Gesichtspunkt aus läßt sich darauf hinweisen, daß es sich bei den Entscheidungen von Gerichten immer um das Recht handelt, ...[37].“

In Lahtinens Formulierung des Problems der Geltung wird dies allerdings nicht so deutlich:

> „Wenn das Gericht auf den zur Entscheidung vorliegenden Fall eine bestimmte Norm oder eine Stellungnahme anwendet und nicht irgendeine andere in den Grenzen der Möglichkeit liegende, so bezeichnen wir diese anzuwendende Norm als gültig, d. h. wir sagen: die Norm hat Geltung[38].“

Dies führt dazu, daß sich vor einer Entscheidung nicht sagen läßt, ob eine Norm gültig ist. Möglich ist nur eine Vorhersage ihrer Anwendung, die mit einer gewissen Wahrscheinlichkeit erfüllt wird. Dementsprechend läßt sich auch nur sagen, daß eine Norm mit einer gewissen Wahrscheinlichkeit gültig ist[39].

Dieser letzte Gedanke erinnert an Theodor Geigers Untersuchung des Begriffs der Verbindlichkeit, die er in einer numerisch ausdrückbaren variablen Intensität sieht[40]. Mit ihr setzt Lahtinen sich auch auseinander, er lehnt es aber ab, die Verbindlichkeit selbst auf diese Weise zu relativieren[41].

In diesem Zusammenhang bringt er auch einen üblicheren Geltungsbegriff zur Sprache, den er in Ausdrücken wie „die geltenden Normen“ verwendet sieht. In seinem Gedankengang wären hierunter alle Normen zu verstehen, bei denen die Wahrscheinlichkeit der Anwendung größer als Null ist[42].

5. Logizität des Entscheidungsakts

Kurz geht Lahtinen auf die Frage ein, inwieweit Sollsätze logischem Schließen zugänglich sind. Hier begründet er seine Auffassung wieder

---

[36] Lahtinen, Aufbau, S. 170.
[37] Lahtinen, Aufbau, S. 175.
[38] Lahtinen, Aufbau, S. 181 f.
[39] Lahtinen, Aufbau, S. 182.
[40] Vgl. Geiger, S. 33 ff.
[41] Lahtinen, Aufbau, S. 74, 184 f.
[42] Lahtinen, Aufbau, S. 184.

in der Differenzierung von Zeichen- und Bedeutungselement der Rechtsnormen. Das Verhältnis von Normzeichen und Norminhalt sieht er wie bei kognitiven Sätzen als Verhältnis von Zeichen und Phänomen. Damit sind für ihn die Normsätze hinsichtlich des Norminhalts kognitiv und es ist bei ihnen die Möglichkeit logischen Schließens gegeben[43].

Lahtinen sieht die gerichtliche Entscheidung wenigstens zum Teil in der Gestalt eines Syllogismus. Den Obersatz bildet die zweite der zur Charakterisierung rechtlicher Situationen herangezogenen Formeln $\sim g \rightarrow r$ (auf ein vom geforderten abweichendes Verhalten folgt eine Reaktion), den Untersatz die Feststellung des abweichenden Verhaltens und die Schlußfolgerung die Feststellung der Sanktion[44].

Auf dieses logische Schließen beschränkt sich die Entscheidungstätigkeit aber nur in einfachen Fällen leicht verifizierbarer Normen. Eine Tätigkeit, die nicht logisches Schließen ist, tritt in dem Maße hinzu, wie die Bildung von Ober- und Untersatz problematisch wird. Lahtinen nennt hier die Gefühlsnormen und die Fälle, in denen keine Norm vorhanden ist[45].

6. Subjektives Recht

Bei der Untersuchung des „subjektiven Rechts" wendet Lahtinen zunächst den Rechtsbegriff seiner eigenen Definition an. In der Folgerelation s → g läßt sich die Stellung der Beteiligten aber nicht differenzieren. Der Ausdruck „eine Person hat ein Recht" in der Bedeutung „eine Person ist an der Folgerelation s → g beteiligt" läßt sich deshalb — wobei Lahtinen die Abweichung vom üblichen Sprachgebrauch bewußt ist — als Aussage über den Berechtigten, wie über den Verpflichteten verstehen[46].

Das subjektiv-rechtliche Element führt er durch die Ermächtigung des Berechtigten, eine Reaktion der Staatsorgane herbeizuführen, ein[47]. Die Möglichkeit einer solchen Reaktion war schon Voraussetzung des Gebrauchs des Begriffs Recht (s. o. A II 2). Als konstitutiv für das subjektive Recht tritt hier die Möglichkeit hinzu, daß einer der an der Folgerelation Beteiligten Klage erheben kann.

Die Einbeziehung der Reaktionsmöglichkeit schon in die Bestimmung des allgemeinen Begriffs Recht hat aber bei Lahtinen eine spezifische Auswirkung für das Verständnis des subjektiven Rechts. Sie führt ihn zu der Annahme, daß in der Rechtswirklichkeit Recht stets als subjek-

---

[43] Lahtinen, Aufbau, S. 158.
[44] Lahtinen, Aufbau, S. 157.
[45] Lahtinen, Aufbau, S. 158 f.
[46] Lahtinen, Aufbau, S. 190.
[47] Lahtinen, Aufbau, S. 190 f.

tives Recht ausgeprägt ist: „Außer den als subjektives Recht bezeichneten Phänomenen hat man (erg.: für das objektive Recht) nichts entsprechendes finden können ...[48]." Für den Gegensatz zum subjektiven Recht hält er solche außergewöhnlichen Fälle, „bei denen die Herbeiführung der Organreaktion anderen überlassen ist"[49]. Als einen solchen Fall sieht er im finnischen Recht das Verfahren gegen hohe Beamte vor dem Staatsgerichtshof, das von Privatpersonen nicht in Gang gesetzt werden kann[50].

In der Kritik der Differenzierung von subjektivem und objektivem Recht, die sich wohl vor allem gegen Windscheids Willenstheorie, v. Jherings Interessentheorie und Jellineks Kombinationstheorie richtet[51], tritt der Begriff der Rechtsordnung auf, der in Lahtinens Denken sonst keine Relevanz zu haben scheint. Er kritisiert eine Auffassung, die für objektives Recht die Normen hält, „besonders die Normen als ein Ganzes oder die Rechtsordnung; das objektive Recht ist (erg.: danach) also eine von dem als subjektives Recht Vorgestellten sehr verschiedene Sache"[52]. Er fährt fort:

> „Wir sind der Ansicht, daß man nicht von zweierlei Recht sprechen kann, denn mit dem Wort *Recht* bezeichnen wir ja ein Verhalten von bestimmter Art, und so geht es nicht an, mit dem Wort Recht dazu noch die Stellungnahme zu jenem Verhalten zu bezeichnen[53]."

In der Tat scheint sich bei Lahtinens Definition von Recht kein sinnvoller Inhalt für den Begriff Rechtsordnung zu ergeben.

Lahtinens Kritik an den genannten Theorien ist aber grundsätzlicherer Natur. In ihnen sieht er den Ausdruck einer zu verwerfenden sog. gegenständlichen Denkweise[54]. Er macht es nicht explizit, aber nach der im vorigen Absatz zitierten Stelle hat es den Anschein, als sei auch der Begriff der Rechtsordnung dieser Kritik zum Opfer gefallen.

III. Kritik der Ergebnisse

Lahtinens Ergebnisse werfen eine solche Fülle von Fragen auf, daß die Kritik sich notwendig auf einige wesentliche Punkte beschränken muß. Hier soll das Gewicht auf die einzelne Probleme übergreifenden Gesichtspunkte gelegt werden.

---

[48] Lahtinen, Aufbau, S. 192.

[49] Lahtinen, Aufbau, S. 191.

[50] Lahtinen, Aufbau, S. 191 Fn. 1 unter Berufung auf Merikoski, S. 198.

[51] Vgl. Lahtinen, Aufbau, S. 191.

[52] Lahtinen, Aufbau, S. 192.

[53] Lahtinen, Aufbau, S. 192.

[54] ebenda.

In den Abschnitten über die Begriffe Fordern, Sollen und Recht behandelt Lahtinen eine Problematik, die hier in der Einleitung angesprochen worden ist. Diese Begriffe sind insofern problematisch, als sie ein normatives Element enthalten. Die Identität der Problematik in allen drei Fällen wird von Lahtinen aber offenbar nicht erkannt. So kommt es, daß er dieselbe Frage an drei verschiedenen Stellen seiner Untersuchung behandelt. Das Mißverständnis tritt dadurch zutage, daß seine Antwort jeweils verschieden ist.

Seine Definition von Fordern scheint als Bedeutung dieses Begriffs zunächst die Bedrohung mit einer Sanktion zu sehen (s. o. A II 1). In der weiteren Ausführung wird die Sanktion aber nur zu einem Indiz dafür, daß ein Befehl vorgelegen hat. Auf diesen Befehl, ob sprachlich oder nichtsprachlich, kommt es Lahtinen erkennbar an. Man kann ihn danach hier auf dem Standpunkt der Imperativentheorie sehen. Deutlich wird dies in der kritischen Auseinandersetzung mit Thon[55]. Hier erscheint er sogar als ein extremer Vertreter dieser Richtung. Thon hatte einen Erfüllungszwang dem Unzurechnungsfähigen gegenüber ausgeschlossen, „falls das ... Befohlene eben nur durch die Handlung des Verpflichteten erreicht werden kann“[56]. Hierin sieht Lahtinen eine Inkonsequenz und diese glaubt er zu überwinden, indem ihm sein „nichtsprachliches Fordern“ erlaubt, auch hier einen Befehl anzunehmen.

Beim „Sollen“ ist Lahtinen dagegen bemüht, den normativen Gehalt zu eliminieren. Der Ansatz, mit dem er dies erreicht, das Verständnis des Sollens als Tatsache, daß auf ein bestimmtes Verhalten eine Sanktion (Reaktion) folgt (s. o. A II 1), entspricht der in der Einleitung erwähnten Norminterpretation von Bohnert. Damit wäre ein Standpunkt gewonnen, der einerseits die Definition von Sollen als deskriptiven Begriff ermöglicht und andrerseits allgemein eine empiristischen Ansprüchen genügende Grundlage zur Behandlung des Normproblems zu bieten scheint.

Bei der Auseinandersetzung mit dem Begriff Recht wählt Lahtinen aber wieder einen anderen Ansatz. Die Trennung der in diesem Begriff enthaltenen Folgerelation von der Stellungnahme (s. o. A II 2) entspricht Jørgensens Trennung von Indikativ- und Imperativbestandteil von Normen (s. Einl.). Hier wird ein normatives Element wieder anerkannt, Lahtinen trennt es nur willkürlich von der Bedeutung des Begriffs Recht.

Von seinem Ausgangspunkt aus, daß die Begriffsbedeutungen konventionsabhängig sind, kann er sich zu einer solchen Willkür berechtigt gesehen haben. Zweifelhaft ist aber, ob der Begriff Recht auf diese

---

[55] Lahtinen, Aufbau, S. 26 f.

[56] Thon, S. 104 f.

Weise behandelt werden kann. Wenn Lahtinen als Bedeutung des Begriffs eine Folgerelation ansieht, bleibt ungeklärt, was für eine Relation hier vorliegt.

Lahtinen geht offenbar davon aus, daß zwischen dem vorausgehenden Verhalten s und dem nachfolgenden g erstens eine Relation vorliegt und daß zweitens dieses Verhältnis ein normatives ist. Diese Ansicht scheint in Jørgensens Trennung von Indikativ- und Imperativbestandteil von Normen auch vorgezeichnet zu sein. Jørgensens Trennung wird aber wohl mißverstanden, wenn sie als Darstellung der Wirklichkeit angesehen wird. Für ihn ist sie im Rahmen seiner Logik eine rein formale Möglichkeit und Notwendigkeit[57].

Man kann die Frage stellen, was geschieht, wenn der Folgerelation $s \rightarrow g$ die Norm entzogen wird. Es ist durchaus denkbar, daß s und g auch dann in einer Beziehung stehen, sei es als tatsächlich geübtes, sei es als irgendeinem Zweck dienliches Verhalten. Dies sind aber nicht die rechtsrelevanten Beziehungen. Entgegen Lahtinens Auffassung dürfte es richtiger sein, die rechtsrelevante Relation als normativ in dem Sinne aufzufassen, daß die Norm die Beziehung selbst erst herstellt.

Wird unter dieser Voraussetzung der Folgerelation $s \rightarrow g$ mit der Stellungnahme die Norm entzogen, entfällt die Relation selbst. Mit der Relation fällt dann aber auch der Gegenstand des Begriffs Recht fort. Damit verlöre der Begriff seine Bedeutung. Diese Kritik wird dadurch gestützt, daß Lahtinen eine sinnvolle Funktion des von ihm definierten Begriffs nicht zeigt. Im Ergebnis hat er ihn durch seine Definition aus der Diskussion genommen. Die sonst im Zusammenhang mit diesem Begriff auftretende Problematik ist nur auf die „rechtliche Stellungnahme“ verlagert.

Dies kommt in seinen Ausführungen zur Stellungnahme auch zum Ausdruck. Wenn er hier Bedeutung und Zeichen differenziert, kann man zunächst den Eindruck gewinnen, daß das Verhalten, das Gegenstand des Begriffs sein soll, die Handlung der Stellungnahme, der Wertungsakt selbst ist (vgl. o. A. II 2). Aus dem Folgenden wird aber klar, daß hier nicht dieses Verhalten gemeint ist, sondern das, „in Bezug auf welches ... eine Einstellung zum Ausdruck gebracht wird.“ Dieses Verhalten kann aber nur dasselbe sein, das als Folgerelation dem Begriff Recht zugrundelag. Das hieße aber, daß die Begriffe Recht und Norm (Stellungnahme) denselben Gegenstand, d. h. dieselbe Bedeutung haben.

Mit der Anerkennung des Rechtsgefühls als eigener Rechtsquelle bezieht Lahtinen einen aus der Freirechtsschule bekannten Standpunkt. Einen Vertreter der Freirechtsschule, Ehrlich, zitiert er zwar wieder-

---

[57] Vgl. Jørgensen, Imperatives, S. 291 f.

holt, allerdings nicht im Zusammenhang mit dem Rechtsquellenproblem[58]. Er beruft sich aber auf Riezlers Untersuchung „Das Rechtsgefühl[59]".

In ihren Folgerungen geht Latinens Auffassung aber wohl weit über die Freirechtsschule hinaus. War bei dieser durch die Bindung an Nutzen und Interesse der Gesellschaft und an das Interesse des Einzelfalls[60] noch ein Maßstab gegeben, scheint der Richter bei Lahtinen keinen Beschränkungen zu unterliegen. Der Dezisionismus, der in der Feststellung liegt, daß von einem wissenschaftlichen Standpunkt aus — was vielleicht einschränkend zu verstehen ist — die Entscheidungen der Gerichte immer Recht darstellen, ist so extrem, daß man kaum mehr von einer Rechtsanwendung durch den Richter sprechen kann. Recht wäre dann das Ergebnis, nicht die Bedingung seines Handelns.

Es ist folgerichtig, daß die Geltung von Normen im üblichen Sinne dann keine Rolle mehr spielen kann. Lahtinens Formulierung des Problems der Geltung (s. o. A II 4) ist aber in Bezug auf diese Auffassung konsequent. Sind alle Entscheidungen von Gerichten „Recht", so muß dies auch für voneinander abweichende und einander widersprechende Entscheidungen gelten. Das aber verbietet einen Begriff von Geltung, der über die aktuelle Entscheidung hinausgeht. Geltung kann dann nur noch so aufgefaßt werden, daß es den Umstand bezeichnet, daß eine Norm zur Effektivität gebracht wird, was sich im Akt der Normenauswahl dokumentiert.

Auch der oben als „üblicher" bezeichnete Geltungsbegriff dürfte kaum dem gewohnten Begriff der Geltung entsprechen. Dies ergibt sich unmittelbar aus der von Lahtinen als Kriterium für diesen Begriff benutzten „Anwendungswahrscheinlichkeit, die größer als Null ist". Eine solche Wahrscheinlichkeit besteht in der Praxis durchaus auch für Normen widersprüchlichen Inhalts. Tritt ein solcher Widerspruch auf, ist es die Aufgabe der Obergerichte, hier eine Klärung herbeizuführen. Einem an der Rechtsordnung orientierten Denken, das sich darum bemüht, diese frei von Widersprüchen zu halten, muß es aber unerträglich sein, daß die widersprüchlichen Normen *gelten* sollen.

Einen weiteren Ansatzpunkt zur Kritik bietet Lahtinens Behandlung der Sollsatzproblematik. Für ihn fällt offenbar die Frage nach der Logizität der Sollsätze mit der Frage nach ihrer Kognitivität zusammen. Nur so kann er das Problem der Logizität von Sollsätzen mit dem Hinweis, daß auch Normsätze hinsichtlich des Norminhalts kognitiv sind, ausgeräumt sehen.

---

[58] s. z. B. S. 95, 103, 109, 162.

[59] Lahtinen, Aufbau, S. 176.

[60] Vgl. Wieacker, S. 580, insb. Fn. 55.

Mit der Kognitivität ist die Problematik der Kontrollierbarkeit durch sinnliche Wahrnehmung angesprochen. In der Einleitung ist hier schon darauf hingewiesen worden, daß diese Problematik unabhängig von der logisch-kalkülisierenden Behandlung einer Materie, d. h. ihrer Logizität zu sehen ist. Das Problem der Logizität von Normaussagen liegt darin, daß sie nicht, wie von der Aussagenlogik vorausgesetzt, sinnvoll als wahr oder falsch bezeichnet werden können.

Das Problem der Logizität von Normsätzen dürfte aber eigentlich bei Lahtinen überhaupt nicht auftreten. Er zieht zur Klärung der Logizität des Entscheidungsakts einen Syllogismus heran. Wenn er als Obersatz dieses Syllogismus die Formel $\sim g \rightarrow r$ benutzt, die ausdrückt, daß auf ein vom geforderten abweichendes Verhalten eine Reaktion erfolgt, so liegt ihm hierin eine Behauptung vor, die ohne weiteres wahr oder falsch genannt werden kann. In dieser Behauptung ist bei Lahtinen die ursprüngliche Norm aufgegangen.

Lahtinens Mißverständnis wird wohl so zu erklären sein, daß für ihn Logik grundsätzlich noch mit der klassischen Syllogistik gleichbedeutend ist. Die Auseinandersetzung um die Logizität der Normsätze — Lahtinen geht auf Kraft, Dubislav, Jørgensen und Ross ein[61] — steht aber bereits auf der Grundlage der modernen Aussagenlogik.

Auch bei der Definition des subjektiven Rechts ist Lahtinen bestrebt, einen rein deskriptiven Begriff darzustellen. Indem er als das entscheidende Element dieses Begriffs die Ermächtigung, eine Reaktion der Staatsorgane herbeizuführen, ansieht, scheint er aber der Klagebefugnis näher zu kommen, als dem subjektiven Recht. Mit dieser Verbindung materieller und prozessualer Elemente rückt Lahtinens Begriff in die Nähe der „actio“ des römischen Rechts:

> „Die Bedeutung von *actio* schillert danach zwischen dem prozeßrechtlichen Begriff der Klaghandlung und dem privatrechtlichen Begriff des Anspruchs (Klaganspruchs), also des (privaten) Rechts, das im Prozeßweg geltend gemacht werden kann. Von wem gesagt ist, daß er die actio hat, ... der hat mithin das private Recht, das er durch sein Begehren nach richterlichem Leistungs-, Gestaltungs- oder Feststellungsurteil verwirklichen kann[62].“

Diese Nähe wird noch durch Lahtinens Auffassung, daß Recht als Phänomen stets subjektives Recht sei (s. o. A II 6), unterstrichen. Nimmt man hinzu, daß die Ordnung der Rechte ihm unwesentlich zu sein scheint, wird die Parallele zum kasuistischen, aktionenrechtlichen Denken im römischen Recht noch deutlicher[63]. Im Ergebnis scheint Lahtinens Untersuchung die Rechtswissenschaft damit auf einen Stand vor

---

[61] Lahtinen, Aufbau, S. 159 ff.

[62] Kaser, Römisches Privatrecht, S. 31.

[63] Vgl. Wieacker, S. 187 Fn. 48.

der vernunftrechtlichen Entwicklung zurückzuverweisen, seit der die Rechtswissenschaft vor allem durch eine methodisch-systematische Betrachtung ihres Gegenstandes geprägt war[64].

IV. Theoretische Einordnung

Als theoretische Grundlage für Lahtinens Untersuchungen wird regelmäßig die Analytische Philosophie angegeben[65].

Es fällt nicht ganz leicht, dies im „Aufbau der rechtlichen Grundlagen" zu belegen. Lahtinen selbst legt seine theoretische Grundlage nicht im Zusammenhang dar. Sie ergibt sich bei ihm erst aus der Argumentation zu den einzelnen Problemen seiner Untersuchung. Eine allgemeine Verweisung auf die Analytische Philosophie oder den logischen Empirismus findet sich dabei nicht, er beruft sich allerdings auf die Ergebnisse, „die erst die moderne logische Forschung hervorgebracht hat (wie z.B. die Sprachanalyse)"[66].

Äußerer Anhaltspunkt für einen Einfluß des logischen Empirismus ist, daß Lahtinen an vielen Stellen Autoren zitiert, die dieser Richtung zuzurechnen sind: Ayer, Kraft, Wittgenstein, Schlick, Kaila, Tarski, Russell u. a., vor allem aber Jørgensen[67]. Lahtinen übernimmt von diesen Autoren allerdings nicht eine Konzeption, die er seiner Untersuchung zugrundelegte, sondern er benutzt sie hauptsächlich, um einzelne Thesen zu belegen. Eine Ausnahme bildet hierbei Jørgensen. Jørgensens Einfluß tritt besonders bei der Frage nach dem Status wertender Sätze und bei der Bestimmung der systematischen Methode hervor.

Lahtinens Standpunkt in der Problematik normativer Sätze läßt sich in der Analytischen Philosophie in zweierlei Hinsicht einordnen. Zunächst wäre er als Vertreter einer kognitivistischen Theorie, genauer, der objektiven Analyse zu sehen, nach der in normativen Urteilen Gegenständen Eigenschaften zugeschrieben werden, die vom Urteilenden unabhängig sind[68]. Zum andern nimmt Lahtinen zum sog. Leib-Seele-Problem Stellung. Im logischen Empirismus herrschte die Tendenz vor, in *einer* Sprache alle Wirklichkeit beschreiben zu wollen. Unter diesen „monistischen" Auffassungen wurde der oben erwähnte (s. Einl.) Streit geführt, was letztlich der Inhalt der Begriffe dieser

---

[64] Vgl. Wieacker, S. 273 ff.

[65] s. Makkonen, Finnische Rechtstheorie, S. 97; Aarnio, Grundlagen, S. 8 f.; ders., Entwicklungslinien, S. 357 — Logischer Empirismus; vgl. Vogel, S. 65 Fn. 269.

[66] Lahtinen, Aufbau, S. 67.

[67] Lahtinen, Aufbau, passim, s. insb. die Fußnoten S. 42 ff. und 156 ff.

[68] Vgl. Stegmüller I, S. 504 ff.

Sprache zu sein habe, Sinnesdaten (Phänomenalismus), physische Gegenstände (Physikalismus) oder beobachtbares Verhalten von Personen (Behaviorismus)[69]. Gegen diese Auffassungen kann man Lahtinens mit Jørgensen vertretenen Standpunkt als dualistisch ansehen. Es gibt danach keine Sprache, die zugleich Psychisches und Physisches zu beschreiben vermöchte.

Bei der Methode der begrifflichen Systembildung wird hinter Jørgensen, auf den Lahtinen sich beruft, Carnaps Verfahren der Begriffsexplikation sichtbar[70]. In Lahtinens Darstellung erscheint dieses Verfahren allerdings um einige ganz wesentliche Elemente verkürzt.

Carnap untersucht den Aufbau einer Wissenschaftssprache. Er geht zwar wie Lahtinen davon aus, daß Begriffsbedeutungen in einem gewissen Grade konventionsabhängig sind, und die Explikationen stehen auch unter der Forderung nach Einfachheit. Schon diese Einfachheit ist aber nicht die des Systems der Begriffe, sondern die der Definition des Begriffs und die Einfachheit der mit diesem Begriff gebildeten Gesetze[71]. Mit der Forderung der Einfachheit konkurriert aber die Forderung nach Fruchtbarkeit der Bedeutung. Damit ist gemeint, daß mit dem explizierten Begriff möglichst viele Gesetze aufgestellt werden können[72].

Es zeigt sich hier, daß bei Carnap das Begriffssystem nicht Endziel ist. Es geht ihm um ein System von Gesetzesaussagen in dem in der Einleitung angedeuteten Sinn der modernen Logik[73]. Die Begriffsexplikation ist hierfür nur eine Vorarbeit. Da ein Begriff isoliert für ein wissenschaftliches System nicht exakt bestimmt werden kann, muß dies durch Einordnung in ein System geschehen.

Wie schon oben festgestellt, fehlt in Lahtinens Darstellung die moderne Logik völlig. Gerade auf dieser Grundlage ergaben sich aber die Problemstellungen des logischen Empirismus. Es mag daher in Zweifel gezogen werden, ob Lahtinen dieser Richtung berechtigterweise zugerechnet werden kann. Damit würde sich aber erneut die Frage nach seiner theoretischen Einordnung stellen.

Einen Hinweis bietet vielleicht Aarnio, der sagt:

> „Als einen roten Faden in Lahtinens Philosophie kann man wohl sein Bestreben ansehen, für die Sprache eine möglichst einfache *Ontologie* zu konstruieren. Ich bin nicht sicher, ob ich recht habe, aber meiner Meinung nach ist er gerade wegen dieses Bestrebens im philosophischen Sinne zu den *Nominalisten* zu rechnen[74]."

---

[69] Vgl. Stegmüller I, S. 497 ff.

[70] s. Carnap, Syntax, S. 234 ff.; vgl. Carnap / Stegmüller, S. 12 ff.; s. auch Stegmüller I, S. 373 ff.

[71] s. Stegmüller I, S. 375.

[72] s. Stegmüller I, S. 375.

[73] s. Stegmüller I, S. 376 ff.

Wenigstens für den „Aufbau der rechtlichen Grundlagen“ könnte man diese Behauptung bezweifeln. Ausdrücklich geht es ihm hier um das einfachste System (s. o. S. 18), nicht um die einfachste Ontologie. Betrachtet man andrerseits seine Ausführungen zum Rechtsquellenproblem und zur Geltung, wird Aarnios Aussage durchaus plausibel.

Es wird hier deutlich, daß Lahtinen als Wirklichkeit des Rechts offenbar nur konkretes, räumlich und zeitlich bestimmbares Verhalten von Individuen und Institutionen, wie es sich bei Handlungen allgemein, bei Entscheidungen und bei der Vollstreckung von Entscheidungen zeigt, anerkennt. Dasselbe kommt in Lahtinens Kritik des sog. gegenständlichen Denkens zum Ausdruck (s. o. A II 6). Seine Ausführungen hier lassen sich tatsächlich am besten als von einer streng Ontologie-kritischen Haltung bestimmt ansehen. In der Reduzierung von Allgemeinbegriffen auf ihren realen, in der Wirklichkeit zeigbaren Gehalt, erschiene Lahtinens Standpunkt als antiplatonistisch, nominalistisch.

Ontologische Fragen haben auch die Analytische Philosophie beschäftigt. Hier ist die Diskussion um diese Fragen allerdings erst nach dem zweiten Weltkrieg ausgelöst worden, vor allem durch Veröffentlichungen von Quine[75] und Goodman[76].

Der Wirklichkeitsbegriff des logischen Empirismus ist wesentlich von logisch-systematischen Voraussetzungen abhängig. Empirisch wirklich ist ein Gegenstand, wenn er im Konstitutionssystem konstitutierbar ist, sagt Carnap[77]. Im Konstitutionssystem sollen die Begriffe aus gewissen Grundbegriffen abgeleitet, „konstituiert“ werden, so daß sich ein Stammbaum der Begriffe ergibt, in dem jeder Begriff seinen Platz findet[78]. In dieser Systemform soll nicht nur die Ordnung der Gegenstände in bezug auf ihre Zurückführbarkeit dargestellt werden, sondern es soll auch die Ordnung in bezug auf die erkenntnismäßige Primarität ausgedrückt werden[79]. Als Basis aller Gegenstände zeigt sich dann das eigenpsychische Erleben[80]. Das Bewußtsein ist damit auch die Basis der Wirklichkeit.

Von diesem Begriff der Wirklichkeit, der von konstitutionalen, empirisch festzustellenden Bedingungen ausgeht, unterscheidet Carnap einen weitergehenden, der von der Frage ausgeht,

---

74 Aarnio, Grundlagen, S. 8 f.

75 Quine, On What there is (1948).

76 Goodman, The Structure of appearence (1951).

77 Carnap, Ausbau, § 170.

78 Carnap, Aufbau, § 1.

79 Carnap, Aufbau, § 54.

80 Carnap, Aufbau, § 55 ff.

„ob diesen empirisch wirklichen Gegenständen eine ‚*Wirklichkeit*‘ *besonderer Bedeutung zuzuerkennen* ist oder nicht. Für diese besondere Bedeutung gibt es verschiedene Formulierungen; gewöhnlich wird sie charakterisiert als *Unabhängigkeit vom erkennenden Bewußtsein*“[81].

Der Begriff der Wirklichkeit scheint bei Lahtinen nicht als problematisch angesehen zu werden. Als Orientierungspunkt für die Wissenschaft ist die Wirklichkeit bei ihm offenbar vorgegeben. Wenn er die Gefahr darin sieht, daß der Wissenschaftler bei der Beschreibung der Wirklichkeit Gegenstände substituiert, für die die Wirklichkeit keine unmittelbare Evidenz bietet, wird aber die empiristische Verifizierbarkeit bei ihm zu einem reinen Evidenzkriterium.

Mit dieser Anerkennung einer vorgegebenen, bewußtseinsunabhängigen Wirklichkeit erweist sich Lahtinen vor allem als Realist[82]. Es liegt hier die Vermutung nahe, daß Lahtinens theoretische Grundlage nicht so sehr im logischen Empirismus, wie im Realismus der Uppsala-Philosophie zu suchen ist. In der Tat geht die Uppsala-Philosophie von einer realistischen Wirklichkeit, die Bewußtsein und Vorstellungen erst ermögliche, aus[83]. Wie schon oben festgestellt, ist die metaphysik- und sprachkritische Haltung auch für diese Philosophie typisch. Auch in der Verwerfung des „gegenständlichen Denkens“ könnte man einen Berührungspunkt mit der Uppsala-Philosophie sehen, in der der Kampf gegen „subjektivistische Vorstellungen“ ein zentrales Thema ist[84].

Ausdrücklich in Gegensatz zur Uppsala-Schule stellt Lahtinen sich bei der Behandlung wertender Sätze[85]. Der Gegensatz erstreckt sich aber nur auf die Begründung, das Ergebnis ist bei beiden der Ausschluß aller Wertungen aus der Wissenschaft.

---

[81] Carnap, Aufbau, § 175, für den dies bereits eine metaphysische Wirklichkeit ist.

[82] Vgl. Carnap, Aufbau, § 175.

[83] s. Vogel, S. 25 f.

[84] s. Vogel, S. 21 f.

[85] Lahtinen, Aufbau, S. 50 Fn. 1.

B. Kaarle Makkonen

I. Gedanken zur logischen Analyse der Rechtssprache

Anders als Lahtinen setzt *Makkonen* sich unmittelbar mit der Analytischen Philosophie und ihren Möglichkeiten für die Rechtstheorie auseinander.

Seinen im Jahre 1959 erschienenen Aufsatz „Gedanken zur logischen Analyse der Rechtssprache" stellt er selbst in die in Skandinavien geführte Diskussion um den Gegensatz von logischer und soziologischer Methode der Rechtswissenschaft und um die Einordnung der Sprachanalyse in diesen Gegensatz[1]. Vilhelm Aubert z. B. hatte in der Sprachanalyse die Möglichkeit einer Verschmelzung beider Methoden bei der Untersuchung soziologischer und psychologischer Funktionen juristischer Kommunikation gesehen[2].

Makkonen will im Ergebnis beide Methoden nebeneinander bestehen lassen. Da die Frage der Methode vom Charakter des Problems abhänge, könne sie im voraus und allgemein nicht beantwortet werden. Die Sprachanalyse ist für ihn aber methodisch dem logischen wie auch dem soziologischen Aspekt auf einer metawissenschaftlichen Ebene vorgelagert[3].

Für den theoretischen Ansatz dieser Sprachanalyse macht Makkonen Bedenken gegen den logisch-empiristischen Standpunkt geltend. Dem Verifikationsprinzip sieht er die Problematik der Frage nach der Wirklichkeit, die Gegenstand des Rechts ist, gegenüberstehen[4]. Gegen den systematisch-formalsprachlichen Ansatz wendet er ein, daß die Rechtswissenschaft weitgehend umgangssprachlich arbeite[5]. Er will deshalb an die Stelle von Fragen der Art wie „Was ist eine juristische Person" die semantische Frage setzen „Was bedeutet es, wenn wir sagen, etwas sei eine juristische Person"[6].

Makkonen greift auf die pragmatische Sprachdimension und auf Wittgensteins Sprachspieltheorie zurück. Ausgehend von dem Gedanken, daß sich die Bedeutung eines Wortes aus seiner Verwendung er-

[1] Makkonen, Logische Analyse, S. 70 f.
[2] Aubert, S. 539.
[3] Makkonen, Logische Analyse, S. 71 f.
[4] Makkonen, Logische Analyse, S. 55.
[5] Makkonen, Logische Analyse, S. 107 f.
[6] Makkonen, Logische Analyse, S. 55.

gibt, sollen dort, wo der tatsächliche Sprachgebrauch sehr vielfältig ist, künstlich vereinfachte Modelle, Sprachspiele, zur Klärung der Anwendungsmöglichkeit und damit der Bedeutung herangezogen werden[7].

In diesen Ansatz, der sich ausdrücklich auf die Philosophie der normalen Sprache stützt, scheint bei der Behandlung der Problematik wertender Aussagen ein anderes Element einzufließen. Makkonen stützt sich zur Erörterung dieses Problems auf den Aufsatz „Über die Wahrheit moralischer Aussagen" von G. H. v. Wright. Dieser Aufsatz wendet sich gegen wertrelativistische Strömungen, vor allem gegen den Wertnihilismus der Uppsala-Schule: Anders, als diese behaupteten, rekurrierten Wertungen nicht immer unmittelbar auf ein Gefühl. Oft ließen sich andere Werte als Maßstab für eine Wertung angeben. In einem geschlossenen Begriffssystem könne man diese als Maßstab verwendeten Werte als Tatsachen ansehen. Dann ergebe sich die aus ihnen folgende Wertung als wahr. Auch im tatsächlichen Bereich, z. B. bei der Entscheidung der Frage, ob der Wal ein Fisch sei, würden die Maßstäbe letztlich willkürlich gesetzt.

Dies führt Makkonen zu der Folgerung, daß da, wo in einem Urteil — das er als Sprachspiel versteht — die Kriterien der Subsumtion angegeben sind, durchaus von der Wahrheit der Entscheidung gesprochen werden könne[8].

Die Frage, ob die Rechtssprache als Normalsprache verstanden werden kann oder muß, soll hier nicht erörtert werden. Sie wird in einem anderen Zusammenhang erneut zur Sprache kommen (s. u. C III 3).

Das normalsprachliche Verständnis der Rechtssprache ist wohl auch nicht der entscheidende Gesichtspunkt in Makkonens Aufsatz. Es ist nur der Ausgangspunkt. Die tragenden Begriffe scheinen eher der des Sprachspiels als vereinfachten Modells und der des geschlossenen Begriffsystems zu sein. Die Problemklärung scheint dann mit diesen beiden Begriffen doch wieder von einer systematischen Betrachtungsweise auszugehen.

Makkonens Problem kann darin gesehen werden, wie ein Übergang von der normalsprachlichen Rechtssprache zur systematischen Betrachtung zu schaffen ist. Für diesen Übergang benutzt er den Begriff des Sprachspiels.

Diese Verwendung des Begriffes erscheint ungewöhnlich. Vielleicht kann man Makkonen so verstehen, daß er in der Philosophie der normalen Sprache einen Ort sucht, der für systematische Gesichtspunkte offen bleibt und daß er als diesen Ort das Sprachspiel findet. Makkonen

---

[7] Makkonen, Logische Analyse, S. 63.

[8] Makkonen, Logische Analyse, S. 66.

verwendet dann nicht die Philosophie der normalen Sprache, sondern ihr Negativ.

Mit dieser Auffassung des Begriffs Sprachspiel kann Makkonen sich wohl auf v. Wright's Darstellung von Wittgensteins Spätphilosophie stützen, in der von Sprachspielen als „Sprachformen" und „Modellbeispielen" gesprochen wird[9]. Es ist zu bezweifeln, ob diese Funktion des Begriffs in den Philosophischen Untersuchungen die entscheidende ist. Sie scheint andrerseits aber auch eine mögliche Funktion zu sein, die zumindest nicht im Widerspruch zu den Philosophischen Untersuchungen steht. Wittgensteins Begriff geht hierüber aber wohl weit hinaus, wenn er sagt: „Ich werde auch das Ganze: der Sprache und der Tätigkeiten, mit denen sie verwoben ist, das ‚Sprachspiel' nennen[10]."

II. Zur Problematik der juridischen Entscheidung

In Makkonens Hauptwerk, seiner Habilitationsschrift „Zur Problematik der juridischen Entscheidung" aus dem Jahre 1965, treten Bedeutungsprobleme zunächst in den Hintergrund. Die auch in Deutschland positiv aufgenommene[11] Abhandlung zielt auf eine Erörterung der These der einzig richtigen Entscheidung[12]. Diese These sieht Makkonen auf der Grundlage der beiden Rechtsprinzipien des Justizverweigerungsverbots und der bindenden Kraft des Gesetzes. Da in diesen Prinzipien das logische Moment der Anwendung des Gesetzes zum Ausdruck kommt[13], ist die Abhandlung damit zugleich eine Untersuchung der Logizität des judiziellen Denkens[14].

1. Theoretische Grundlage

a) Rechtswirklichkeit

Makkonens grundlegende Forderung ist hier wie bei Lahtinen die Rückführung der rechtlichen Phänomene auf die reale Erscheinungswelt[15]. Dadurch ist er jetzt gehalten, die in den „Gedanken zur logischen Analyse der Rechtssprache" ausgesparte Frage nach der Wirklichkeit des Rechts zu beantworten.

---

[9] v. Wright, Philosophie, S. 233.

[10] Wittgenstein, Philosophische Untersuchungen, I § 7.

[11] s. Horn, S. 229 ff.

[12] Makkonen, Entscheidung, S. 207 ff.

[13] Makkonen, Entscheidung, S. 83 unter Berufung auf Kantorowicz, Perelman und Ehrlich.

[14] Vgl. Horn, S. 233.

[15] Makkonen, Entscheidung, S. 16.

Makkonen knüpft hierzu an Gedanken des finnischen Philosophen Eino Kaila an. Kaila beschreibt den Vorgang der Welterfahrung als ein Erlebnis der Invarianz bei einzelnen Wahrnehmungen. Dadurch, „daß die in langen perzeptuellen Reihen (Gegenstände der Perzeption) auftretenden Invarianzen sich zu ‚physischen' Gegenständen ‚verdichten', entsteht eine konzeptuelle physische Welt“[16]. Eine solche konzeptualisierte gesellschaftliche Realität ist für Makkonen die Wirklichkeit des Rechts[17].

So lassen sich für Makkonen Rechtstatsachen und Rechtsfolgen als gesellschaftliche Wirklichkeit zeigen. Er führt das Beispiel eines Astronauten von einem anderen Stern an. Dieser würde in der Lage sein, durch rein hinweisende Erklärung die Verbindung gewisser Tatsachen mit gewissen anderen Tatsachen (Rechtsfolgen) zu erfassen und so den Inhalt von „Recht“ und „Pflicht“ zu begreifen[18].

b) Norm

aa) Allgemein

Makkonens Erörterung der Rechtsnorm zeigt im Ansatz deutliche Entsprechungen zu Lahtinen. Auch er sieht der Norm zwei Ereignisse in einer Folgerelation zugrundeliegen, die das Modell eines bestimmten sozialen Verhaltens enthält. Rechtliche Bedeutung erhält dieses Verhaltensmodell durch die Möglichkeit, daß im Falle eines vom Modell abweichenden Verhaltens Zwangsmittel angewandt werden können.

Auch für solche Reaktionen von Behörden gibt es Verhaltensregeln. So ergibt sich die Unterscheidung von Verhaltens- und Reaktionsnormen. Letztere können unterteilt werden in solche, die das abweichende Verhalten unter eine Sanktion stellen und solche, die Art und Weise der Reaktion regeln. Diese drei Arten von Rechtsnormsätzen beherrschen die tatsächliche Entscheidungssituation[19].

Die Rechtsnormsätze sind nicht als solche in den Gesetzestexten enthalten, lassen sich aber auf deren Grundlage bilden. Sie drücken auch nicht die Rechtsnorm als solche aus, sondern den Umstand, daß eine Rechtsnorm oder Verhaltensregel in der Wirklichkeit herrscht[20]. Sie sind damit hinsichtlich des in ihnen zum Ausdruck kommenden gesellschaftlichen Zustandes deskriptiv. Ein Verhaltensnormsatz lautet: Für alle Staatsbürger x gilt, daß sie, wenn sie f getan haben, g tun sollen[21].

[16] Kaila, S. 38 ff.

[17] Makkonen, Entscheidung, S. 23.

[18] Makkonen, Entscheidung, S. 37 f.

[19] Makkonen, Entscheidung, S. 28 ff.

[20] Makkonen, Entscheidung, S. 34 f.

In diesem Satz und in den entsprechenden Sanktionsnormsätzen ist ein „Sollen" enthalten. Ähnlich wie Lahtinen faßt Makkonen dieses Sollen (und in engem Zusammenhang damit auch Recht und Pflicht) als die Tatsache auf, daß bei nicht normgemäßem Verhalten eine Rechtsfolge festgesetzt werden kann. Diese Tatsache könne man wie eine solche der Erscheinungswelt feststellen. Auch insofern sind Rechtsnormsätze dann deskriptiv[22].

Damit stellt sich die Frage nach der Wahrheit der Rechtsnormsätze, d. h. des Folgeverhältnisses, in dem tatsächliche Voraussetzungen und das gesollte Verhalten stehen. Diese Wahrheit ist weder eine logische, noch eine analytische, noch eine der Wahrheit von Naturgesetzen ähnliche, synthetische. Als für Rechtsnormen typisch sieht Makkonen die Freiheit der Wahl, das geforderte Verhalten zu erbringen oder nicht, an. Es handelt sich hier um eine Wahrheit sui generis[23].

bb) Die Norm unter dem Entscheidungsaspekt

Zur Darstellung der Vorgänge in der Entscheidungssituation, diese ist Makkonens wesentlicher Aspekt, sieht er die erwähnten Normsätze nicht als ausreichend an. Es werden zwei weitere Arten strukturell verschiedener Normsätze benötigt.

Die erstere Art kommt in Frage, wenn der tatsächlich herrschende rechtliche Zustand hinsichtlich eines gegebenen Sachverhalts nicht zweifelsfrei festzustellen ist. Der Entscheidende will hier den Inhalt der Rechtsordnung klären, ohne sie zu beeinflussen. Der so gefundene, der Entscheidung zugrundezulegende Satz hat die Gestalt: „So soll es sein[24]."

Der zweite Fall liegt vor, wenn sich jemand selbständig, bewußt subjektiv eine Vorstellung davon macht, was für eine Norm gelten soll unabhängig von der Rechtsordnung, also selbst gegen eine vorhandene Norm. Makkonen drückt dies durch den Satz aus: „So *soll* es sein[25]."

Den Unterschied zwischen dem Verhaltensnormsatz und diesen beiden Normsätzen zeigt Makkonen deutlicher, indem er sie — ausdrücklich nur zur Veranschaulichung[26] — formalisiert.

Der Verhaltensnormsatz hat die Gestalt

$$(x)\ [f\ (x) \rightarrow Sg\ (x)]$$ [27]

[21] Makkonen, Entscheidung, S. 30 f.

[22] Makkonen, Entscheidung, S. 36.

[23] Makkonen, Entscheidung, S. 39.

[24] Makkonen, Entscheidung, S. 43.

[25] Makkonen, Entscheidung, S. 43 f.

[26] Makkonen, Entscheidung, S. 29 f.

[27] Makkonen, Entscheidung, S. 30.

Der den Inhalt der Rechtsordnung klärende Satz hat die Gestalt

$$(x)\, S\, [f\,(x) \rightarrow g\,(x)]$$ [28]

Der Fall der bewußt subjektiven Normbehauptung hat die Gestalt:

$$S\,(x)\, [f\,(x) \rightarrow g\,(x)]$$ [29]

Diese Formeln kann man — zunächst ohne den „Sollenoperator" S zu berücksichtigen — folgendermaßen lesen: Für alle Individuen x gilt, daß wenn in Bezug auf x f geschieht, dann in Bezug auf x auch g geschieht. Nimmt man den Sollenoperator hinzu, so besagt die erste Formel, daß, wenn f geschieht, g geschehen *soll*. Die beispielhafte Interpretation von Makkonen lautet: Für alle Staatsbürger gilt, daß jemand, der sich verpflichtet hat, für die Schuld eines anderen ebenso wie für seine eigene zu bürgen, für seine Verbindlichkeit in gleicher Weise wie der Schuldner haften soll[30]. Eine entsprechende ausführliche Interpretation gibt Makkonen für die beiden folgenden Formeln nicht. Tatsächlich scheint hier eine Schwierigkeit zu liegen, und hierauf wird in der Kritik näher einzugehen sein (s. u. B II 2).

Für Makkonen kommt es zunächst auch nur auf die Unterscheidung an, daß im Gegensatz zur Verhaltensnorm die beiden folgenden Sätze keinen Zustand ausdrücken, sondern sagen, wie etwas sein *soll*. Deshalb können sie nicht wahr oder falsch sein. Wenn ein solcher Satz einer Entscheidung zugrundeliegt, spricht Makkonen von einer „Sollenentscheidung", worin zum Ausdruck kommt, daß in die Entscheidung ein wertendes, nicht-logisches Element eingeflossen ist[31].

cc) Bedeutung und Geltung

Die Frage der Bedeutung des Normsatzes und des Geltungsproblems fallen für Makkonen zusammen. In der Frage der Bedeutung von Sätzen bezieht Makkonen einen Quine nahestehenden Standpunkt. Danach sind die Bedeutung und die Referenz eines Satzes zu unterscheiden. Auf Normsätze angewandt führt dies zu der Unterscheidung des Gedankens oder der Idee einer Folgerelation von der Referenz des Normsatzes. Wird nach der Referenz eines Normsatzes gefragt, so tritt das Verhältnis von Normsatz und Wirklichkeit in den Vordergrund, die Frage, ob eine solche Folgerelation in der Rechtsordnung tatsächlich zu finden ist. Die Frage nach der Bedeutung des Normsatzes läßt gerade diesen Gesichtspunkt außer Betracht.

---

[28] Makkonen, Entscheidung, S. 43.

[29] Makkonen, Entscheidung, S. 44.

[30] Makkonen, Entscheidung, S. 30.

[31] Makkonen, Entscheidung, S. 44.

„Benennt“ nun der Normsatz eine in der Wirklichkeit vorhandene Folgerelation, hat er also eine Referenz in ihr, so ist er wahr, andernfalls falsch[32].

Für das Geltungsproblem unterscheidet Makkonen einen rechtstheoretischen Standpunkt von seinem speziellen auf die Entscheidung ausgerichteten Aspekt. Aus rechtstheoretischer Sicht liegt für ihn die Geltung in der Effizienz der Norm. Aus der Sicht der Entscheidung fällt die Frage der Geltung mit der nach dem Vorhandensein der Normfolgerelation zusammen[33]. Dies hat die Konsequenz, daß der Ausdruck „eine Rechtsnorm, die nicht gilt“ ein Widerspruch in sich ist. Die Ausdrücke „die Rechtsnorm gilt“ und „es gibt die Rechtsnorm“ bedeuten dasselbe[34].

2. Kritik

Makkonen stimmt mit Lahtinen darin überein, daß einziger Bezugspunkt einer wissenschaftlichen Rechtssprache die reale Erscheinungswelt ist. Wenigstens in zwei Punkten weichen sie aber voneinander ab.

Während Lahtinen in seiner Untersuchung nur eine absolute, realistische Wirklichkeit anerkannte, liegt Makkonens Darstellung eine relativierte[35], konzeptuelle Wirklichkeit zugrunde. In dieser Wirklichkeit sind Rechtstatsachen und Rechtsfolgen offenbar schon als solche vorhanden. Die Schwierigkeit, einen allgemeinen Begriff des Rechts empirisch herleiten zu müssen, ergibt sich deshalb für Makkonen nicht.

Bei Lahtinen ging es zweitens ausschließlich um die Festlegung des realen Inhalts von Begriffen. Die Klärung von Begriffsbedeutungen sieht auch Makkonen als seine Aufgabe an. Bei der Herausarbeitung struktureller Unterschiede zwischen verschiedenen normativen Sätzen geht er aber darüber hinaus. Im Übergang vom Begriff zur Aussage könnte man hier bei Makkonen den Schritt von einer durch die traditionelle Logik geprägten Haltung zu einer im Sinne der Analytischen Philosophie analytischen Haltung sehen.

In Makkonens Darstellung des Verhältnisses von Begriff und Wirklichkeit zeigt sich aber eine Unstimmigkeit. Der Ausgangspunkt bei Eino Kaila zeigt ein phänomenalistisches Wirklichkeitsverständnis. Als „Verdichtung“ von Wahrnehmungen ist der Gegenstand des Begriffs in der Wirklichkeit nicht selbst unmittelbar wahrnehmbar. Er ist nur aus Wahrnehmungen konstruierbar. Damit erfüllt er die empiristische Voraussetzung der Verifizierbarkeit.

---

[32] Makkonen, Entscheidung, S. 52 ff.; vgl. Quine, Point of view, S. 5 ff., 21 f., 130.

[33] Makkonen, Entscheidung, S. 63 f.

[34] Makkonen, Entscheidung, S. 66.

[35] Vgl. Makkonen, Entscheidung, S. 23.

Der Astronaut in Makkonens Beispiel würde dann aber die Begriffe Recht und Pflicht nicht unmittelbar durch die hinweisende Erklärung erfassen, sondern erst durch den Nachvollzug der ihnen zugrundeliegenden Konzeptualisierung der Wahrnehmungen.

Dieser Umweg der Verifikation über die Konzeptualisierung scheint bei Makkonen abgeschnitten. Die Erwartung, die Gegenstände der Begriffe unmittelbar in der Wirklichkeit zu finden, spricht aber — wohl im Gegensatz zu Kaila — für eine realistische Grundhaltung. Wie Lahtinen scheint dann auch Makkonen von einer ontologischen Fragestellung auszugehen (und den Empirismus entsprechend mißzuverstehen). Dies sagt auch Makkonen recht deutlich:

„Aus der bisherigen Darstellung ist hervorgegangen, daß wir die Rechtstatsachen empirisch verstehen, als eine auf die reale Erscheinungswelt zurückgehende Sache... Wie erwähnt, ist der Ausgangspunkt der, daß die entscheidende Instanz in der konkreten Entscheidungssituation ganz bestimmte, gerade in der betreffenden Sache gegebene Tatsachen feststellen und beurteilen muß. Der, dem die Entscheidung aufgetragen ist, sieht diese Tatsache gerade als Realitäten, die ihren Platz in der Erscheinungswelt haben[36]."

Hiermit steht im Einklang, daß für Makkonen das Kriterium für Bedeutung und Geltung von Normsätzen das Vorhandensein der Folgerelation ist. Es läßt sich nicht näher belegen, aber man kann vermuten, daß auch hier ein Einfluß des Skandinavischen Rechtsrealismus gesehen werden kann.

Die Formeln, die Makkonen bei der Analyse normativer Sätze verwendet, sollen ausdrücklich nur der Veranschaulichung dienen. Es scheint deshalb nicht gerechtfertigt, sie einer strengen Kritik zu unterziehen. Andrerseits stellt sich aber die Frage, ob sie daß, was aus Makkonens Interpretation klar wird, deutlich machen und ob sie dann nicht auch zu Fehlschlüssen Anlaß gegeben haben.

Makkonen benutzt in allen drei Formeln denselben Operator für das Sollen. Das Sollen hat in den drei Formeln aber offensichtlich jeweils eine verschiedene Bedeutung.

In der Verhaltensnorm dürfte ein als deontische Modalität verstandenes Sollen eigentlich gar nicht vorkommen. Dieses Sollen hatte Makkonen als Möglichkeit des Eintritts der Sanktionsfolge definiert und so hätte es hier folgerichtig auch formalisiert werden müssen. Immerhin wird man das S in dieser Formel als eine Abkürzung verstehen können.

Das Sollen, das Makkonen in der dritten Formel, der bewußt subjektiven Normbehauptung, an den Anfang gestellt hat, kann so nicht definiert werden. Hier kommt der Wunsch oder die Forderung nach einer

[36] Makkonen, Entscheidung, S. 16.

Norm zum Ausdruck. Dann müßte diese Formel aber ein doppeltes normatives Element enthalten, erstens den Wunsch nach der Norm, der außerhalb der Klammer steht, und zweitens das normative Element der Norm selbst, denn es wird ja gerade gewünscht, daß — in Makkonens Definition — auf ein abweichendes Verhalten eine Reaktion erfolgt.

Bei der zweiten Formel, in dem Fall, daß der Entscheidende über den Inhalt der Rechtsordnung im Unklaren ist, fehlt wie bei der dritten Formel das Sollen innerhalb der Norm, die Gegenstand der Vorstellung ist. Das Element, das hier hinzutritt, betrifft wohl aber gar nicht das Sollen. Es will hier weniger jemand eine Norm, als daß er unsicher ist, daß es eine solche Norm gibt. Damit ist aber keine deontische, sondern eine epistemische Modalität angesprochen. In der epistemischen Logik werden Fragen des Glaubens, Wissens oder Schließens behandelt[37]. Bei den Sätzen dieser Logik ist die Deskriptivität kein Problem.

Die Gleichbehandlung dieser Sätze mit den vorigen offenbart aber wieder Makkonens realistischen Standpunkt. Problematisch sind beide Arten von Sätzen insofern, als es nicht sicher ist, ob ihr Gegenstand, die behauptete Norm, in der Wirklichkeit vorhanden und zeigbar ist.

Bei Makkonens Interpretation der zweiten Formel kommt der sonst auch von ihm vernachlässigte Begriff der Rechtsordnung zur Sprache. Es bleibt aber offen, ob hier nur ein spezieller Aspekt der gesellschaftlichen Wirklichkeit gemeint ist oder ob sich neben der gesellschaftlichen eine andere Ebene rechtlicher Wirklichkeit andeutet. Tatsächlich erscheint der Begriff aus realistischer Sicht, die die Normsätze unmittelbar als gesellschaftlichen Zustand sieht, entbehrlich.

3. Der Entscheidungsakt

In der Entscheidungstätigkeit treffen sich für Makkonen Rechtsanwendung und Rechtswissenschaft. Der Unterschied zwischen beiden liegt wesentlich darin, daß im Gegensatz zum Rechtswissenschaftler für den Rechtsanwender ein Entscheidungszwang besteht[38]. Makkonen unterscheidet drei Entscheidungssituationen: Die Isomorphiesituation, die Auslegungssituation und die ungeregelte Situation.

a) Die Isomorphiesituation

Die Isomorphiesituation liegt vor, wenn ein Fall durch eine ihn eindeutig erfassende Norm, die eine eindeutige Folge ausspricht, entschieden werden kann. Diese Möglichkeit besteht aber schon nicht mehr,

[37] Stegmüller II, S. 175 ff.

[38] Makkonen, Entscheidung, S. 26.

wenn die Norm verschiedene Rechtsfolgen zuläßt, wenn z. B. bei einer Strafrechtsnorm nur ein Strafrahmen festgelegt ist oder wenn mehrere passende, aber sich widersprechende Normen vorhanden sind.

Nur in der Isomorphiesituation sieht Makkonen die Möglichkeit einer logischen Herleitung der Entscheidung. Auch im Fall, daß widersprüchliche Normen vorhanden sind, sieht Makkonen das Auswahlproblem als mit rein logischen Mitteln lösbar an, wenn eine eindeutige Auswahlnorm vorhanden ist (z. B. lex posterior derogat legi priori etc.). In der Regel müsse aber die Rechtsfolge nach eigenem Ermessen des Richters und durch Spekulation mit verschiedenen Entscheidungsanweisungen ausgewählt werden[39].

b) *Die Auslegungssituation*

In der Auslegungssituation müssen die in der Norm verwendeten Begriffe geklärt werden, bevor gesagt werden kann, ob die Norm auf einen gegebenen Fall paßt. Die Phasen dieses bis zur Bestimmung der Rechtsfolge führenden Denkprozesses allgemeingültig aufzuzeigen, ist nicht möglich. Die verschiedenen Auslegungsmethoden werden kumulativ angewandt. Es fehlt an Kriterien der Richtigkeit der Auslegung, und deshalb ist die Auslegung eher ein volitiver als ein kognitiver Vorgang, eher Bedeutungsgebung als Bedeutungsfindung. Es werden Sollenentscheidungen gefällt, die nicht wahr oder falsch sein können.

Auch bei Anwendung von Auslegungsregeln (a fortiori, a minore ad maius etc.) werden Auslegung und Festsetzung der Rechtsfolge miteinander verflochten. Äußerlich kann die Entscheidung zwar als logischer Schluß stilisiert werden, nur entspricht dies nicht dem tatsächlichen Vorgehen[40].

c) *Die ungeregelte Situation*

In der ungeregelten Situation ist keine den Fall entscheidende Norm vorhanden. Diese Situation ist nicht eindeutig von der Auslegungssituation zu trennen, denn in beiden Fällen hat der Gesetzgeber die konkret zu entscheidende Frage nicht geregelt. Makkonen sieht deshalb zwischen geregelter und ungeregelter Situation einen gleitenden Übergang, entsprechend einem mehr oder weniger genau bestimmten Verhältnis zwischen Begriff und Wirklichkeit[41].

Auch in dieser Situation sieht Makkonen die nichtlogischen Elemente der Argumentation als die wesentlichen an. Die Analogiebildung aufgrund von Ähnlichkeiten ist für ihn kein logischer Schluß, da die Krite-

[39] Makkonen, Entscheidung, S. 84 ff.

[40] Makkonen, Entscheidung, S. 84 ff.

[41] Makkonen, Entscheidung, S. 122 ff.

rien der Ähnlichkeit qualitativ sind. Die Analogie ist wie die Auslegung vom Ergebnis her bestimmt, volitiv. Auch den Gedanken, daß der Entscheidende die Rechtsnorm, auf deren Grundlage er entscheidet, selbst setzt, lehnt er ab, weil die Wahrheit dieses Rechtssatzes nicht festzustellen wäre. Es handelt sich auch hier um Sollenentscheidungen. Dasselbe gilt für die Rechtsanalogie. In allen diesen Fällen erweist sich erst im Laufe der Zeit, ob der Sollsatz, den der Richter gebildet hat, zur Norm wird[42].

d) Die allgemeinen Rechtsprinzipien

Auch die allgemeinen Rechtsprinzipien untersucht Makkonen hinsichtlich ihrer Tauglichkeit zur Begründung von Entscheidungen. Zunächst betrachtet er sie aber von einem allgemeineren Standpunkt aus.

Ihrer logischen Struktur nach sind sie für ihn nicht allgemeiner als andere Normen auch. Klare Kriterien, was ihre besondere Allgemeinheit ist, lassen sich für ihn nicht gewinnen. Ob sie überpositiv und universal sind, lasse sich nicht entscheiden, da das erstere nur spekulativ festzustellen sei, die Universalität andererseits zwar empirisch belegt werden könnte, die Zahl der beobachteten Rechtskreise aber nie zur Behauptung ihrer Universalität ausreiche[43]. Die allgemeinen Rechtsprinzipien sind danach nur rechtliche Grundeinstellungen, die sich in ein bestimmtes rechtliches Weltbild, in seine Regelmäßigkeiten, seine Strukturgesamtheit eingliedern[44].

Aber bei einem Teil von ihnen sieht Makkonen auch eine Entscheidungsfunktion gegeben und insoweit sind sie dann Rechtsnormen. Da aber ihre Referenz in der Wirklichkeit wegen der Unbestimmtheit der in ihnen verwendeten Begriffe außerordentlich weit ist, erweist sich ihre Auslegung als schwierig, so daß die Zuweisung eines Bedeutungsgehalts eine Sollenauslegung bleibt. Dazu widersprechen sie sich teilweise. Ihr Gebrauchswert ist deshalb groß, ihr Deduktionswert dagegen gering[45].

e) Rechtliche Induktion

Schließlich untersucht Makkonen die Möglichkeit, aus einzelnen Rechtsnormen allgemeine Grundsätze herzuleiten, das Problem der Möglichkeit einer rechtlichen Induktion.

Die Schwierigkeit, die hierbei auftritt, ist, daß der einzelnen Norm nicht zu entnehmen ist, ob sie Ausdruck einer Regel oder einer Ausnahmeregelung ist. Die Verallgemeinerung aus einzelnen Normen setzt

---

[42] Makkonen, Entscheidung, S. 131 ff.

[43] Makkonen, Entscheidung, S. 153 ff.

[44] Makkonen, Entscheidung, S. 172.

[45] Makkonen, Entscheidung, S. 187 ff.

die Kenntnis des gesamten Systems einer Rechtsordnung voraus. Aber die Rechtsordnung hat nicht den Charakter eines Invarianzensystems, in dem durch Induktion Verallgemeinerungen vollzogen werden könnten. Jeder solchen Verallgemeinerung steht die Tätigkeit des Gesetzgebers entgegen, die Willensakt ist und außerhalb der Wahrheitskriterien steht. In Wirklichkeit handelt es sich nach Makkonens Ansicht, wenn aus einzelnen Normen allgemeine Prinzipien abgeleitet werden, nicht um Induktion, sondern um den Nachvollzug der dem Erlaß der Normen zugrundeliegenden Wertung[46].

f) Ergebnisse

Makkonen war davon ausgegangen, daß die These von der einzig richtigen Entscheidung sich bewähren müsse an der Forderung nach logischer Nachvollziehbarkeit aller Entscheidungsschritte. Die Frage nach dem unbedingt Richtigen lasse sich überhaupt nur in einem axiomatischen System stellen[47]. Durch seine Analyse sieht Makkonen die These von der einzig richtigen Entscheidung als widerlegt an. Sie sei eine vom Alltagsdenken geschaffene Fiktion. Zugleich sieht er dadurch den Nachweis geführt, daß die Rechtsordnung kein axiomatisches System sei[48].

Für die weitere rechtliche Forschung weist Makkonen in seinem Schlußresultat drei Richtungen auf. Nachdem er schon früher Zweifel geäußert hatte, „ob man immer Grund habe, die Kennzeichen der logischen Schlußfolgerung auf die traditionellen Syllogismen oder auf die sog. analytische Wahrheit zu beschränken“[49], deutet er nun ohne dies näher auszuführen auf modallogische Ansätze und mehrwertige Logiken hin[50]. Eine andere Aufgabe sieht er in der semantischen Erforschung normativer Begriffe wie „richtig“, „falsch“, „Sollen“, „Dürfen“ usw.: „Besser als der Versuch, sie mit modernen logisch-philosophischen Waffen aus der Rechtswissenschaft zu vertreiben — wie man es auch versucht hat — ist es, mit denselben Waffen die Klärung ihrer Bedeutung und ihrer Gebrauchszusammenhänge zu unternehmen[51].“ Schließlich weist er den Blick hinaus aus der Rechtswissenschaft auf andere Wissenschaften, deren Denkweisen für die Rechtswissenschaft fruchtbar gemacht werden könnten[52].

---

[46] Makkonen, Entscheidung, S. 195 ff.
[47] Makkonen, Entscheidung, S. 214 f.
[48] Makkonen, ebenda.
[49] Makkonen, Entscheidung, S. 50 f.
[50] Makkonen, Entscheidung, S. 215 ff.
[51] Makkonen, Entscheidung, S. 222 f.
[52] Makkonen, Entscheidung, S. 223 f.

4. Kritik

Makkonens Ergebnis, die Widerlegung der These der einzig richtigen Entscheidung, soll hier nicht in Frage gestellt werden. Kritisch betrachtet werden sollen die Anforderungen, die Makkonen an die Rationalität des Entscheidungsprozesses stellt.

Aus seinem Ansatz und aus seiner theoretischen Grundlegung scheint sich zu ergeben, daß er die Rationalität ausschließlich im Maßstab der Logizität sieht. Sein Logikverständnis wird allerdings nicht ohne weiteres aus seiner Darstellung klar. Horn ist in seiner Kritik sogar soweit gegangen, daß er in der Verwendung des Ausdrucks „logisch" bei Makkonen eine bloße Argumentationstechnik, der allein rhetorische Bedeutung zukomme, gesehen hat[53].

Dort, wo Makkonen bei der Untersuchung des Entscheidungsakts die Logik nicht nur als Argument heranzieht, sondern in der Darstellung zur Erläuterung benutzt, verwendet er ausschließlich Syllogismen[54]. Er stellt hier regelmäßig Subsumtionsvorgänge dar, und die Logik der Subsumtion, die Individualisierung der Norm oder umgekehrt, die Einordnung der ein individuelles Geschehen bezeichnenden Begriffe in die allgemeineren der Norm ist gerade ein klassenlogisches, genauer, ein syllogistisches Problem[55].

Nicht um Subsumtion geht es aber in anderen Fällen, in denen Makkonen auch das Argument „logisch" verwendet, bei der Auslegung, bei der ungeregelten Situation (s. o. B II 3), und wahrscheinlich wird man bei jedem Vorkommen des Begriffs Sollenentscheidung das Argument „unlogisch" mitzudenken haben. Offen bleibt dabei jedoch, im Sinne was für einer Logik der Entscheidungsprozeß hier unlogisch ist. Da es hier nicht mehr um Begriffsordnungen geht, sondern um den weiteren Bereich der Normsatzgewinnung, könnte man Makkonens Logikverständnis hier auf die Aussagenlogik ausgeweitet sehen. Er selbst geht im Schlußresultat von seiner Logik als einer zweiwertigen aus[56]. Dies ist aber nur in einer Aussagenlogik sinnvoll. Es erscheinen schließlich auch die Normsatzformalisierungen als aussagenlogische Formeln (s. o. B II 1 b) bb)). Der aussagenlogische Ansatz wird aber nirgendwo explizit gemacht.

Man kann aber Makkonens Verwendung des Arguments „logisch" gemäß seiner theoretischen Grundlegung auch anders interpretieren. Makkonen verneint die Logizität der Sollenentscheidung nicht als von einem logischen System geboten, sondern weil der ihr zugrundeliegende Normsatz keinen wirklichen gesellschaftlichen Zustand beschreibe. Dieses

[53] Horn, S. 233.

[54] Makkonen, Entscheidung, S. 48, 91, 92, 116.

[55] Vgl. Bochenski / Menne, S. 111 (§ 27.92).

[56] Makkonen, Entscheidung, S. 214.

Kriterium ist aber nicht ein logisches, sondern ein ontologisches. „Unlogisch“ wäre dann bei ihm als „realistischen Ansprüchen nicht genügend“ zu verstehen. Wie bei Lahtinen wird man dann auch bei Makkonen feststellen müssen, daß seine Untersuchung eher eine realistische als eine logische Kritik ihres Gegenstandes ist.

Wenn Makkonen zu dem Ergebnis kommt, die Rechtsordnung sei kein axiomatisches System, so trifft das wohl zu, wenn darunter zu verstehen ist, daß die Methode, nach der die Rechtssätze in den verschiedenen Rechtsordnungen formuliert sind, nicht am Ziel eines axiomatischen Systems ausgerichtet ist (obwohl man in den systematischen Rechtsordnungen eine Tendenz in diese Richtung sehen könnte). Es ist aber eine völlig andere Frage, ob die wie auch immer formulierten Rechtssätze sich in einem axiomatischen System darstellen lassen.

Wenn Makkonens negatives Ergebnis vom Scheitern der These der einzig richtigen Entscheidung abhängt, scheint sich darin auszudrücken, daß in der Rechtsordnung als axiomatischem System Entscheidbarkeit und Vollständigkeit nicht gegeben sind. Im Fall der Sollenentscheidung findet der Entscheidende keine passende Norm, die ihm ein eindeutiges Ergebnis liefert, d. h. sein Fall ist in der vorliegenden Rechtsordnung nicht determiniert. Dann hat Makkonen mit dem Nachweis der Notwendigkeit von Sollenentscheidungen zunächst nur gesagt, daß das System der Rechtsordnung notwendig offen ist[57]. Es sind also notwendig auch Sätze gültig, die im System nicht herleitbar sind. Die Entscheidbarkeit fällt mit einer Vollständigkeit im weiteren Sinne zusammen, die verlangt, daß alle wahren Sätze des Bereichs eines Systems in diesem ableitbar sein müssen[58].

Diese Vollständigkeit ist aber nicht Voraussetzung dafür, daß überhaupt von einem axiomatischen System gesprochen werden kann. Ein axiomatisches System setzt voraus, daß alle relevanten Beziehungen logisch dargestellt sind, so daß die Regeln nur die graphische Form der Ausdrücke zu berücksichtigen brauchen. Regeln und Axiome müssen ausdrücklich formuliert sein, und es dürfen sich im System keine Widersprüche herleiten lassen. Außerdem soll man bemüht sein, das System vollständig und mit unabhängigen Axiomen aufzubauen[59]. Ein Mangel in dieser Hinsicht beseitigt aber nicht den Charakter des Systems als eines axiomatischen.

Sieht man von den Problemen bei der Formalisierung von Normsystemen ab[60], widerspricht die Unvollständigkeit der Rechtsordnung

---

[57] Vgl. v. Wright, Essay, S. 83.

[58] Vgl. Bochenski / Menne, S. 43 (§ 7.71).

[59] Vgl. Bochenski / Menne, S. 42 f. (§§ 7.5 ff.).

[60] Vgl. Stegmüller II, S. 162 ff.

jedenfalls nicht ihrer Axiomatisierbarkeit. Makkonens Ergebnis, daß der Entscheidungsprozeß wenigstens teilweise unlogisch sei, kann man jetzt aber präziser auch so verstehen, daß das Entscheiden nicht ausschließlich als Deduktion in einem System betrieben werden kann. Gerade der Gedanke des axiomatischen Systems gibt jetzt aber die Möglichkeit, eine weitere Dimension der Entscheidungstätigkeit zu erfassen. Man kann jede Sollenentscheidung als eine Vervollständigung des Systems ansehen. Der Entscheidende operiert nicht nur *im* System, sondern auch *am* System.

Es ließe sich jetzt die Frage stellen, inwieweit auch diese systemfortbildende Tätigkeit normunterworfen ist. Die von Makkonen erwähnten Auslegungsregeln könnte man als hier einschlägige Normen ansehen. Hier scheint eine deontische Logik höherer Ordnung angesprochen zu sein[61]. Eine ganz erhebliche Kontrolle wird man aber auch darin sehen können, daß der Entscheidende gehalten ist, seine selbst gebildete Norm in das System einzuordnen.

Oben sind noch zwei weitere Einwände gegen eine axiomatisch verstandene Rechtsordnung referiert worden, die Widersprüchlichkeit allgemeiner Rechtsprinzipien und die Einwirkungsmöglichkeit des Gesetzgebers. Der Umstand, daß die allgemeinen Rechtsprinzipien sich teilweise widersprechen, steht einer Axiomatisierung nicht entgegen. Hieran zeigt sich nur, daß sie nicht Sätze des Systems der Rechtsordnung sind. Ihr wirklicher Charakter würde sich vielleicht gerade an einem axiomatischen System zeigen lasse. Der Umstand, daß der Gesetzgeber durch seine Tätigkeit das System umstürzen kann, mag Zweifel erwecken, ob sich der Aufwand einer Axiomatisierung lohnt. Diesem Problem hat aber die Rechtswissenschaft wie die bekannte Kirchmann'sche These zeigt stets gegenübergestanden.

Ein schwerwiegendes Argument gegen den Sinn einer Axiomatisierung könnte man allerdings darin sehen, daß der bloße Umstand der logischen Ableitbarkeit eines Rechtssatzes nur ein Argument für seine rechtliche Geltung ist. Die an Gerechtigkeitsgedanken orientierte Korrektur der Systemlogik läßt sich logisch kaum erfassen.

Hinzu kommt, daß eine Axiomatisierung vor allem da sinnvoll zu sein scheint, wo sich — wie z. B. in der Mathematik — ein vielfältiges System auf eine relativ beschränkte Zahl von grundlegenden Sätzen und Regeln reduzieren läßt. Ein solches Ergebnis darf für die Rechtswissenschaft nicht erwartet werden. Dem steht die Vielfalt und Verschiedenheit ihres Gegenstandes und die dadurch bedingte Vielfalt der Regelungen entgegen.

---

[61] s. Hanson, A Logic of Commands.

III. Der Ausdruck „subjektives Recht“ in der juristischen Sprache

1. Darstellung

In seinem im Jahre 1966 erschienenen Artikel „Der Ausdruck ‚subjektives Recht‘ in der juristischen Sprache“ erörtert Makkonen wieder Bedeutungsfragen. Den in der „Logischen Analyse der Rechtssprache“ erörterten Gedanken des Sprachspiels benutzt er hier nicht mehr. Dieser Untersuchung liegt die Unterscheidung von „extensionellem“ und „nicht-extensionellem“ Denken zugrunde.

Das extensionelle Denken sieht er einerseits in der traditionellen Rechtswissenschaft vertreten (Windscheid, Jhering, Jellinek), die das subjektive Recht als eine Substanz ansehe[62], andrerseits im skandinavischen Rechtsrealismus, der nur reale Begriffsinhalte akzeptiere und den Begriff des subjektiven Rechts, weil ein solcher für diesen nicht zu finden sei, verwerfe[63].

Dagegen stellt Makkonen ein sog. nicht-extensionelles Denken, das den Ausdruck subjektives Recht nicht als Namen eines bestimmten Gegenstandes ansehe. Es muß hier der alltägliche rechtliche Sprachgebrauch beachtet werden, die Sprache muß als tatsächliches Geschehen, nicht so sehr als Zeichensystem verstanden werden[64].

Eine entsprechende Unterscheidung findet er in Quine's Trennung von Bedeutung und Referenz eines Wortes[65]. Methodisch bedeutet dies für Makkonen, daß er dort, wo sich ein „empirisch wahrnehmbarer“ Gegenstand als Bedeutung eines Begriffs anbietet, den Begriff referentiell erklären will. Wo dies nicht der Fall ist, soll der Gesichtspunkt der Referenz außer Betracht bleiben und der Begriff nach seinen praktischen Anwendungsvoraussetzungen geklärt werden[66].

Das subjektive Recht behandelt er anhand von Forderungsrechten. Der Forderung sieht er, wie allem Recht, Rechtstatsachen und Rechtsfolgen, die der realen Erscheinungswelt angehören, zugrundeliegen. Das subjektive Recht entsteht dadurch, daß eine Norm Rechtstatsachen und Rechtsfolgen so miteinander verknüpft, daß der Gläubiger eine Behördenreaktion herbeiführen kann. Hinter dem Wort Forderung steht dann kein Gegenstand, sondern es existiert nur der Sprachgebrauch,

---

[62] Makkonen, Subjektives Recht, S. 113 f.

[63] Makkonen, Subjektives Recht, S. 114 f.

[64] Makkonen, Subjektives Recht, S. 116.

[65] Makkonen, Subjektives Recht, S. 116 f.; vgl. Quine, S. 5 ff.

[66] Makkonen, Subjektives Recht, S. 117.

daß von „Forderung" gesprochen wird, wenn die entsprechenden Voraussetzungen vorliegen[67].

„Auf diese Weise gelangen wir zu dem Ergebnis, daß wir von ‚subjektivem Recht' dann und nur dann sprechen können, wenn sich die entsprechende Situation durch eine Menge von Sätzen mit wenn-so schildern läßt. Wenn bestimmte Tatsachen (T) vorliegen, so folgt auf Wunsch eine Behördenreaktion (R); das ist allgemeiner durch folgende Formel darstellbar:

$$(T^1 \,\&\, T^2 \text{———} \,\&\, T^n) \rightarrow R$$

Die Rede vom subjektiven Recht ist also notwendig mit hypothetischen Sätzen verknüpft. Nachdem das Zahlungsurteil gefällt und vollstreckt worden ist, gibt es nämlich keine solche Situation mehr, daß wir dabei von subjektivem Recht sprechen können. Den Zustand, der vorher geherrscht hat, können wir dagegen nur hypothetisch beschreiben: wenn —, so —[68]."

Diese Ausführungen zeigen eine gewisse Nähe zur Darstellung des subjektiven Rechts bei Alf Ross[69]. Auf ihn beruft er sich auch für sein Resultat, „daß der Ausdruck subjektives Recht keine konkrete semantische Referenz besitzt, sondern nur zur Schilderung bestimmter Rechtstatsachen und Rechtsfolgen verwendet wird"[70]. Der Hauptunterschied dürfte in der besonderen Betonung des hypothetischen Charakters des dem Begriff zugrundeliegenden Verhältnisses liegen.

Zum Schluß stellt Makkonen unter Berufung auf Olivecrona[71], der im skandinavischen Rechtsrealismus eine weniger radikale Haltung vertritt als z. B. Lundstedt[72], fest, daß es nicht unbedingt einen Nachteil zu bedeuten braucht, wenn vom subjektiven Recht so gesprochen werde, als habe es eine Referenz in der Wirklichkeit. Wichtig sei, daß Klarheit darüber bestehe, wovon jeweils gesprochen wird[73].

2. Kritik

Makkonen übernimmt als Ausgangspunkt seiner Untersuchung die Kritik des skandinavischen Rechtsrealismus am Begriff des subjektiven Rechts der traditionellen Rechtswissenschaft. Diese Kritik richtet sich vor allem dagegen, den Begriff als Realbegriff zu sehen. In diesem Sinn wird man auch Makkonens Kritik, die traditionelle Rechtswissenschaft sehe dem Begriff des subjektiven Rechts eine Substanz zugrundeliegen, zu verstehen haben. Auch außerhalb Skandinaviens ist eine gleichlautende Kritik geäußert worden. Jürgen Schmidt z. B. geht in seiner Untersuchung „Aktionsberechtigung und Vermögensberechti-

[67] Makkonen, Subjektives Recht, S. 117 f.

[68] Makkonen, Subjektives Recht, S. 118 f.

[69] Vgl. Ross, Law, S. 170 ff.

[70] Makkonen, Subjektives Recht, S. 119; vgl. Ross, Law, S. 172 f.

[71] Vgl. Olivecrona, S. 143 ff.

[72] Vgl. Vogel, S. 44 ff., insb. S. 48.

[73] Makkonen, Subjektives Recht, S. 122 f.

gung“ von einem herrschenden realbegrifflichen Verständnis des subjektiven Rechts in der deutschen Theorie aus[74].

Als Kriterium scheint bei allen die schon von Windscheid gestellte Frage, ob das subjektive Recht gegenüber den Einzelberechtigungen ein selbständiges Dasein als höhere Einheit habe[75], benutzt zu werden. Mit der Bejahung dieser Frage scheint der Befund festzustehen.

Die Unausweichlichkeit dieser Konsequenz wird man aber bezweifeln können. Windscheid, Jhering und Jellinek, die Makkonen heranzieht, werden bei ihrer Behandlung der Problematik kaum eine ontologische Fragestellung im Sinn gehabt haben. Der von Jhering benutzte Begriff der Substanz, auf den Makkonen seine Kritik stützt[76], kann durchaus auch ohne ontologische Implikationen gebraucht werden. Und gerade dies scheint der Fall zu sein, wenn Jhering an der zitierten Stelle ein substantielles und ein formales Moment der Rechte unterscheidet[77]. Im Gegensatz zu „formal“ scheint „substantiell“ hier am besten mit „inhaltlich“ umschrieben zu werden. Hiermit dürfte keine Existenzbehauptung verbunden sein. Entsprechend wird man fragen können, was Windscheid unter „Dasein“ versteht.

Ein anderes Argument spricht unmittelbar gegen ein realbegriffliches Verständnis. Windscheid mit seiner Willenstheorie und Jhering mit seiner Interessentheorie sehen den Begriff des subjektiven Rechts gerade nicht als etwas Selbständiges, Gegebenes an. Sie versuchen, ihn auf etwas Elementareres, vor ihm liegendes zu reduzieren, der eine auf Willensmacht oder Willensherrschaft[78], der andere auf Interessen (Nutzen, Vorteil, Gewinn) mit dem formalen Moment der Klage[79]. Damit wäre der Begriff des subjektiven Rechts unabhängig von den einzelnen Berechtigungen, zugleich aber nur Ausdruck einer vor- oder außerrechtlichen Kraft.

Scheidet das realbegriffliche Element zur Abgrenzung der traditionellen Auffassung von der ihrer Kritiker aus, stellt sich die Frage nach ihrem Verhältnis zueinander erneut. Ein interessanter Ansatz findet sich in den Ergebnissen von Makkonen und Ross, der aber von beiden nicht verfolgt wird.

Makkonens Aussage, daß der Begriff des subjektiven Rechts zur Schilderung von Rechtstatsachen und Rechtsfolgen diene und die Aus-

---

[74] s. Schmidt, S. 263 ff.

[75] Windscheid, S. 857 Fn. 2.

[76] Makkonen, Subjektives Recht, S. 113 f.

[77] Jhering III, S. 339.

[78] Windscheid, S. 87 ff.

[79] Jhering III, S. 339 ff.

sage von Ross, er diene lediglich als „tool in presentation“[80], könnte man so verstehen, daß der Begriff keiner „objektrechtlichen“ Sprache angehört, sondern einer Metasprache, die Aussagen über die Rechtsordnung macht. Es böte sich an, diese Ebene als die der Rechtswissenschaft anzusehen. Der Ausdruck „subjektives Recht“ wäre dann kein Begriff der Rechtsordnung, sondern ein rechts*wissenschaftlicher* Begriff.

Die Kritik von Makkonen und zugleich die des skandinavischen Realismus ließe sich jetzt so verstehen, daß die Bedeutungen der Begriffe dieser Ebene ausschließlich von der Rechtsordnung her zu bestimmen seien. Wenn die einzige für den Begriff des subjektiven Rechts maßgebliche Wirklichkeit die der Rechtsordnung ist, scheint es klar zu sein, daß für ihn selbst, als metasprachlichen Begriff, kein Gegenstand zu finden ist.

Windscheids und Jherings Erklärung des Begriffs subjektives Recht könnte man jetzt so ansehen, daß sie die für die rechtswissenschaftlichen Begriffe maßgebende Wirklichkeit außerhalb der Rechtsordnung suchen. Mit „Wille“ und „Interesse“ scheint eine anthropologische oder soziologische Wirklichkeit für den Begriff des subjektiven Rechts bestimmend zu sein. Allgemeiner ließe sich vielleicht sagen, daß der skandinavische Rechtsrealismus und mit ihm Makkonen die rechtswissenschaftliche Ebene allein durch Abstraktion aus der konkreten Rechtsordnung gewinnen will[81]. Bei Windscheid und Jhering wird die Rechtsordnung durch die Rechtswissenschaft in den Rahmen einer größeren Gesamtwirklichkeit eingefügt.

Noch enger als in Makkonens anderen Arbeiten verflechten sich in dieser Untersuchung skandinavischer Rechtsrealismus und Analytische Philosophie. In den realistischen Ausgangspunkt seiner Kritik scheint ein Moment der Analytischen Philosophie einzufließen durch den Begriff der Extension und durch die Differenzierung von Bedeutung und Referenz. Letztere Begriffe übernimmt er, wie erwähnt, von Quine, dem Begriff der Extension liegt wohl die bei Carnap gefundene Unterscheidung von Extension und Intension zugrunde[82].

Die Einordnung dieser Differenzierung in seinen Gedankengang wird nicht ganz klar. In der engen Beziehung dieser Begriffe auf die reale Erscheinungswelt scheint wieder eine realistische Interpretation zu liegen. Dies aber würde verkennen, daß es sich bei den genannten Begriffen um semantische, nicht um ontologische Kategorien handelt. Entsprechend blaß ist auch das „nicht-extensional“, das Makkonen als

80 Ross, Law, S. 172.

81 Vgl. auch Schmidt, S. 267.

82 s. Makkonen, Subjektives Recht, S. 120 Fn. 26.

Gegenstück zu „extensional“ verwendet. Es ließe sich wohl ohne Schaden durch „nicht-realistisch“ ersetzen.

In einen Gegensatz zum Rechtsrealismus setzt Makkonen sich scheinbar, wenn er auch nicht-extensionale, nicht-referentielle Begriffsbedeutungen zulassen will. Auch hier bleibt er jedoch dem realistischen Kriterium verpflichtet. Die realistisch-extensionale Bedeutung hat Priorität. Erst wenn sich eine solche nicht zeigen läßt, soll der Begriff durch seine Anwendungsvoraussetzungen bestimmt werden. Makkonen beruft sich für ein anwendungsbezogenes Begriffsverständnis auf Wittgenstein[83]. Eben die Analyse der Sprache auf der Grundlage ihres tatsächlichen Gebrauchs ist aber einer der Punkte, in denen sich Analytische Philosophie und skandinavischer Rechtsrealismus treffen[84].

Für eine endgültige Einordnung sind die bei Makkonen zu findenden Anhaltspunkte vielleicht nicht eindeutig genug. Der Gedanke, den tatsächlichen Sprachgebrauch als subsidiäre Verifikationsebene für Begriffsinhalte zu benutzen, dürfte Wittgenstein aber fremd sein. Versteht man Makkonens Verfahren jedoch so, daß zunächst Begriffe auf ihren Gegenstand reduziert werden sollen, dann aber, wenn das nicht möglich ist, eine Objektivierung des Untersuchungsgegenstandes durch die Ausrichtung auf den allgemeinen Sprachgebrauch erreicht werden soll, entspräche dies in der Intention, Subjektives auszuschalten, recht genau dem Verfahrensmuster der skandinavischen Realisten[85]. Als — rechtsrealistische — Warnung vor Subjektivismen ließe sich auch die abschließende Mahnung, sich klarzumachen, wovon jeweils gesprochen wird, verstehen.

[83] Makkonen, Subjektives Recht, S. 116; vgl. Wittgenstein, Philosophische Untersuchungen I § 43.

[84] Vgl. Vogel, S. 68.

[85] Vgl. Vogel, S. 68 f.

C. Aulis Aarnio

Charakteristisch für *Aarnios* umfangreiche Produktion ist, daß er weniger die Auswirkungen eines bestimmten theoretischen Ansatzes auf die Rechtswissenschaft untersucht, als daß er auf der Suche nach einem der Rechtswissenschaft adäquaten Konzept ist. Hierbei lassen seine Veröffentlichungen deutlich eine Entwicklung erkennen, die kurz umrissen werden soll, bevor die Gedanken der im Jahre 1975 erschienenen Monographie „Gesetz, Handlung und Intention" näher dargestellt werden.

I. Hauptstationen der Entwicklung

1. Die Rechtsstellung des Erben

In seiner im Jahre 1967 erschienenen Habilitationsschrift „Die Rechtsstellung des Erben" geht Aarnio — wie Lahtinen und Makkonen — von der Unzulänglichkeit des traditionellen juristischen Sprachgebrauchs aus, der die Gefahr in sich trage, daß Rechte als Dinge, wie physische Gegenstände angesehen werden. Diese Gefahr soll mit Hilfe der „semantisch-linguistischen" Philosophie überwunden werden[1].

Für ihn ist Aufgabe der Rechtswissenschaft — wenigstens der Rechtsdogmatik — die Klärung des Inhalts der in einer Gesellschaft in einem bestimmten Zeitpunkt geltenden Vorschriften[2]. Da diese Vorschriften sprachlich vermittelt werden, sieht er, entsprechend der Auffassung der Analytischen Philosophie von der Philosophie als logischer und semantischer Analyse des wissenschaftlichen Sprachgebrauchs, die Möglichkeit, auch rechtswissenschaftliche Probleme als nur auf mangelhaftem Sprachgebrauch beruhende Scheinprobleme zu entlarven[3].

Sein Ziel ist es, den Inhalt von Vorschriften durch eine Menge von Sätzen darzustellen, die wenigstens zwei Bedingungen erfüllen muß: Die Bedeutung eines jeden Satzes hat genügend klar zu sein, und die Gesamtheit der Sätze hat logisch widerspruchsfrei zu sein. Die Grundaussagen und die Schlußfolgerungen aus diesen müssen so beschaffen sein, daß sie einen zuverlässigen Anhaltspunkt für die wissenschaftliche Diskussion bieten[4].

[1] Aarnio, Erbe, S. 25.
[2] Aarnio, Erbe, S. 23.
[3] Aarnio, Erbe, S. 26 f.
[4] Aarnio, Erbe, S. 23.

Damit scheint bei Aarnio eine axiomatische Ordnung der Rechtssätze angestrebt zu werden. Es geht ihm aber ausdrücklich nur um Bedeutungsfragen[5]. Er lehnt die traditionelle Fragestellung nach dem Charakter von Rechten ab und führt sie über in die Frage nach dem exakten Gebrauch bestimmter Ausdrücke in rechtlichen Sprachzusammenhängen[6].

Aarnio sieht z. B. den Begriff des Erbschaftsanteils durch zwei unabhängige Elemente konstituiert. Mit diesem Begriff wird das Entstehen einer Rechtsstellung zum Ausdruck gebracht, die dadurch charakterisiert ist, daß jemand die Stellung eines Miteigentümers und eine bestimmte rechtliche Stellung hinsichtlich der Teilung des Nachlasses erhält. Den Begriff des Miteigentumsrechts sieht Aarnio — ähnlich wie Makkonen und Ross (vgl. o. B. III 1) — nur als verkürzte und zugleich vereinfachte Darstellung bestimmter Normen ($N \ldots N_n$)[7] So wird auch die Rechtsstellung hinsichtlich der Nachlaßteilung verstanden. Es ergibt sich, daß der Begriff des Erbschaftsanteils dann insgesamt eine Menge von Normen vertritt, die das Entstehen der Rechtsstellung und die mit ihr verbundenen Befugnisse regeln. Er hat nur eine darstellungstechnische Funktion und dient der Sprachökonomie[8].

Ein Unterschied zu Makkonen ergibt sich bei Aarnio, wenn nach dem Inhalt dieser Rechtsstellung gefragt wird. Auch für Aarnio hat der Begriff keine „semantische Referenz". Während aber für Makkonen die dem Begriff zugrundeliegenden Rechtstatsachen und Rechtsfolgen in der realen Wirklichkeit zu finden waren, beantwortet sich die Frage bei Aarnio mit der Klärung des Inhalts geltender Normen. „Dann geht es aber vor allem darum, daß der sprachlichen Formulierung des Gesetzes auf einer gewissen Grundlage ein Bedeutungsinhalt *gegeben* wird. Hierbei geht es um eine großenteils nicht mit empirischen Mitteln kontrollierbare Tätigkeit[9]." Dies wird man wohl so zu verstehen haben, daß Aarnio hier die rechtsrealistische Position verwirft.

Der Begriff der Theorie spielt in dieser Untersuchung noch nicht die Rolle, die er in Aarnios späteren Veröffentlichungen erhält. Dabei bieten seine Ausführungen zur juristischen Begriffsbildung zweifellos einen theoretischen Ansatz.

Für Aarnio bedeutet Theorie aber wohl etwas anderes, als was gewöhnlich unter Rechtstheorie verstanden wird. Die Theorie ist für ihn

---

[5] Aarnio, Erbe, S. 267.

[6] Aarnio, Erbe, S. 119 f.

[7] Aarnio, Erbe, S. 119 f.

[8] Aarnio, Erbe, S. 210 ff.

[9] Aarnio, Erbe, S. 216.

die den Inhalt bestimmter Normen darstellende Satzmenge[10]. Die Theorie macht dann nicht Aussagen über das Recht oder die Rechtswissenschaft, sondern sie ist das Ergebnis der Analyse oder, nach seiner eigenen Aufgabenstellung, das Ergebnis der rechtswissenschaftlichen Tätigkeit.

So verstanden nähert sich der Begriff der Bedeutung, die er als Gegenstück zu „experimentellen Gesetzen" hat. Die Theorie in diesem Sinne enthält aber auch die Gesetzmäßigkeiten für irgendwelche Vorgänge, nur daß die Gesetze nicht durch unmittelbare Beobachtung, sondern in der Beziehung auf ein System gefunden werden[11]. Gerade die auf eine solche analysierend-systematisierend gewonnene Theorie gerichtete Tätigkeit, würde man nach gewöhnlichem Sprachgebrauch als rechtswissenschaftliche, dogmatische Tätigkeit ansehen.

2. Aussichten der juristischen Forschung

Die auf die Rechtsstellung des Erben folgenden Veröffentlichungen sind durch eine zunehmend theoriekritische Haltung gekennzeichnet. In seinem Artikel „Aussichten der juristischen Forschung" aus dem Jahre 1969 geht Aarnio auf die seinerzeit in Skandinavien recht heftig geäußerte Kritik an der Rechtswissenschaft ein. Besonders die Gedanken seines Landsmannes Antti Kivivuori, der eine deskriptive Wissenschaft fordert und die unmittelbare gesellschaftliche Wirksamkeit der Tätigkeit von Richter und Rechtswissenschaftler betont[12], haben hierbei Einfluß auf ihn gewonnen.

Hier beginnt sich eine Abwendung von der Theorie abzuzeichnen:

> „Die theoretische Methode hilft uns nur, bestimmte Charakteristika der tatsächlich herrschenden Lage wahrzunehmen (zu verstehen). Wir können uns anders gesagt bemühen, auf die juristische Entscheidung einwirkende Faktoren *aufzudecken*, wir können berichten, was die Menschen tatsächlich tun, wenn sie über ein rechtswissenschaftliches Problem diskutieren und wir können so die Argumente, die sie benutzen, *bewußt* machen, aber wir sind nicht imstande in der Metatheorie Kriterien aufzuzeigen, die die Wissenschaft erfüllen muß, um der Gesellschaft zu dienen[13]."

Was hiernach übrig bleibt, nennt Aarnio die Möglichkeit, „die herrschende Lage als solche anzuerkennen, die Jurisprudenz als Dialektik zu sehen, als eine Form der gesellschaftlichen Diskussion"[14].

Aufgrunddessen erhebt Aarnio die Forderung nach einer Öffnung der Argumentation. Rechtswissenschaftler und Richter sieht er in der Situa-

[10] Aarnio, Erbe, S. 23 Fn. 49 a.

[11] Vgl. Nagel, 79 ff.

[12] Vgl. Aarnio, Aussichten, S. 372 f.

[13] Aarnio, Aussichten, S. 396.

[14] Aarnio, ebenda.

tion, daß sie zu Normen inhaltlich Stellung nehmen müssen, in einem Bereich, der empirisch nicht verifizierbar ist[15]. Ihre Argumentation hängt davon ab, was sie individuell für relevant, wertvoll, wünschenswert halten. Ihre Sätze müssen deshalb so begründet sein, daß unausgesprochen gebliebene Voraussetzungen diskutierbar werden. Auf ihre Argumentation kann nicht durch Regeln, sondern nur wieder durch Argumentation Einfluß genommen werden[16].

Die Argumentation als Dialektik sieht Aarnio in einem Verhältnis gegenseitiger Abhängigkeit zur Analyse. Die Analyse löst keine Probleme, sie erhöht die Zuverlässigkeit juristischer „Ergebnisse" nicht, aber sie ist Voraussetzung für die Argumentation. Nur durch die Analyse kann die Ausgangssituation der Argumentation geklärt werden[17].

3. Testamentsrechtliche Fragen

In der Monographie „Testamentsrechtliche Fragen" (1969) setzt Aarnio seine Kritik fort. Bei der Behandlung von Bedeutungsfragen zeigt sich hier einer neuer Ansatz in seinem Denken, der vor allem durch die Beschäftigung mit H. L. A. Hart angeregt worden sein dürfte[18].

Aarnio geht von bestimmten erbrechtlichen Begriffen, wie Testament oder Vermächtnis aus und zeigt, daß die von diesen Begriffen bezeichneten Erscheinungen so verschieden sind, daß sich keine gemeinsamen Kennzeichen für alle Erscheinungen des jeweiligen Begriffs finden lassen. Er sieht diese Situation in Entsprechung zu der, in die Wittgenstein in den „Philosophischen Untersuchungen" bei der Betrachtung des Begriffs Spiel gerät[19]. Wittgenstein folgend sieht er unter den verschiedenen Erscheinungen, die z. B. das Wort Testament bezeichnet, nur eine „Familienähnlichkeit"[20].

Im Umgang mit einem solchen Begriff sieht Aarnio den Entscheidenden seine Kennzeichen ständig dem vorliegenden Fall anpassen. Damit erhalten die persönlichen Voraussetzungen und insbesondere die Ideologie des Entscheidenden eine besondere Bedeutung[21]. Für die Klärung des Inhalts von Rechtsbegriffen folgt hieraus, daß dies nur durch Untersuchung ihres Gebrauchs in der Rechtssprache, so wie sie benutzt wird, geschehen kann, d. h. in der Sprache von Personen, „die beinahe täglich

[15] Aarnio, Aussichten, S. 387.

[16] Aarnio, Aussichten, S. 396 ff.

[17] Aarnio, Aussichten, S. 402 f.

[18] Aarnio, Testamentsrechtliche Fragen, S. 75, 108.

[19] Aarnio, Aussichten, S. 73; vgl. Wittgenstein, Philosophische Untersuchungen I, § 66.

[20] Aarnio, ebenda; Wittgenstein, Philosophischen Untersuchungen I, § 67.

[21] Aarnio, Testamentsrechtliche Fragen, S. 74 vgl. S. 128.

in den verschiedensten Sachzusammenhängen auf diese Begriffe reagieren müssen“[22].

4. Die Verfremdung der Rechtswissenschaft

Den Artikel „Die Verfremdung der Rechtswissenschaft“ aus dem Jahre 1971, der auf Notizen aus den Jahren 1967 bis 1971 beruht[23], kann man als eine Zusammenfassung von Aarnios Entwicklung mit einer klaren Formulierung seiner Thesen ansehen.

Aarnio setzt der Theorie hier die Aufgabe, das alltägliche, tatsächliche juristische Denken zu erfassen und kritisiert die vorhandenen Theorien, weil sie stets nur einzelne Ausschnitte behandelten[24]. In diese Kritik schließt er auch die Bemühungen um eine Begriffsanalyse und ausdrücklich auch seine Haltung in der „Rechtsstellung des Erben“ ein. Es würden hier nur neue Terminologien geschaffen, anstatt die einzig interessierenden Fragen zu klären, was jemand darf, nicht darf oder muß[25]. Jede Theorie beschränke die möglichen Antworten von vornherein auf einen bestimmten Rahmen[26]. Ein großer Teil der Rechtswissenschaft diene nur sich selbst[27]. Durch ihre Konstruktionen werde die Rechtswissenschaft sich selbst entfremdet[28].

Aarnio will die juristische Sprache als „lebende Sprache“ (toimiva kieli) verstanden wissen, zu deren Benutzung Definitionen nicht nötig seien. Für ihn beruht das Verstehen auch von Ausdrücken der juristischen Sprache auf der Zugehörigkeit zu einer gemeinsamen Kultur[29]. Alle Theorien seien hier unnötig[30]:

> „Wenn der Jurist eine Rechtsfrage in vollem Bewußtsein der Eigenarten seines Verhaltens entscheidet, wendet er keinerlei theoretisches Modell an, ..., er handelt einfach, indem er den Regeln, der Logik der von ihm erlernten Sprache folgt[31].“

Die Verwendung des Begriffs Theorie im letzten Absatz entspricht wieder der in der „Rechtsstellung des Erben“. Seine Argumentation wird wohl so zu verstehen sein, daß der Jurist keine wissenschaftlichen, dogmatischen Modelle anwendet. Zunächst geht Aarnio in diesem Ar-

---

[22] Aarnio, Testamentsrechtliche Fragen, S. 72.
[23] Aarnio, Verfremdung, S. 456 i. d. Fn.
[24] Aarnio, Verfremdung, S. 462 f.
[25] Aarnio, Verfremdung, S. 472 f.
[26] Aarnio, Verfremdung, S. 475.
[27] Aarnio, Verfremdung, S. 279.
[28] Aarnio, Verfremdung, S. 468, 475.
[29] Aarnio, Verfremdung, S. 464.
[30] Aarnio, Verfremdung, S. 473.
[31] Aarnio, Verfremdung, S. 468.

tikel aber von einem durchaus üblichen Begriff der Rechtstheorie aus, die er in einem dreistufigen Gebäude als höchste Ebene über der Rechtswissenschaft und der juristischen Praxis sieht[32]. Diese oberste Ebene deutete sich auch in den „Aussichten der juristischen Forschung“ an, wo von ihr bezeichnenderweise allerdings als von der „Metatheorie“ die Rede war.

In der „Verfremdung der Rechtswissenschaft“ besteht aber wohl ein sachlicher Grund für dieses Verfließen der Grenze zwischen Rechtstheorie und Rechtswissenschaft. Sieht man die juristische Sprache der Praxis als eine Art Normalsprache an, bleibt als Ebene der Beschäftigung mit dieser Sprache nur eine sprachphilosophische Ebene. Rechtswissenschaft und Rechtstheorie machten als Metasprachen denselben Fehler und träfen sich in ihrer Entbehrlichkeit.

5. Die Grundlagen des Rechtsdenkens

Der Komplex, der in der „Rechtsstellung des Erben“ nur als empirischer Kontrolle nicht zugänglich angedeutet war, um dessen wissenschaftliche Verarbeitung Aarnio in den folgenden Arbeiten sichtlich bemüht war, tritt in den „Grundlagen des Rechtsdenkens“ aus dem Jahre 1971 ganz in den Vordergrund.

Aarnio nähert sich der Klärung des rechtswissenschaftlichen Denkens aus dem Blickwinkel der Entscheidungstätigkeit. Hier tritt besonders der Aspekt aktiven Verhaltens hervor. Rechtswissenschaft ist verbales Verhalten und damit ein Teil menschlichen Verhaltens überhaupt, zu dem intentionales Verhalten als Teilaspekt gehört[33].

Von Peter Winch übernimmt er den Gedanken, daß soziales Verhalten nicht aus der Sicht des forschenden Beobachters verstanden werden kann, sondern daß die sozialen Erfahrungen des Handelnden berücksichtigt werden müssen. Die Untersuchung hat nicht mit den Begriffen des Forschers, sondern denen des erforschten Individuums zu geschehen. Damit tritt der Begriff der Intention in den Mittelpunkt[34].

Eine *verstehende* Rechtstheorie analysiert dann die vom Rechtswissenschaftler, Richter usw. benutzten Begriffe, bewußte und unbewußte Zielsetzungen, seine Wirklichkeitsvorstellungen. Die Theorie der Rechtswissenschaft erhält so enge Berührungspunkte mit der gesellschaftswissenschaftlichen Methodologie[35].

---

[32] Aarnio, Verfremdung, S. 458 ff.

[33] Aarnio, Rechtsdenken, S. 35.

[34] Aarnio, Rechtsdenken, S. 33.

[35] Aarnio, Rechtsdenken, S. 35 f.

Soziologischen Zielsetzungen nahe steht auch die Aufgabe, die Aarnio hier für die Sprachanalyse sieht:

„(Das Ziel der Analyse des Sprachgebrauchs einer Person oder Personengruppe oder auch der Juristen ist ...) insbesondere eine Analyse des Wirklichkeitsverständnisses. Durch die Analyse der Wirklichkeitsvorstellung können wir wiederum die *Handlungen* dieser Personen *verstehen*. Das oft recht oberflächliche Denken des Sprachbenutzers erhält als Ergebnis der Analyse mehr Tiefe. Seine begrifflichen Mittel zum Verständnis der Welt werden differenzierungsfähiger, wodurch er vielleicht neue Züge an der Welt wahrnimmt. Vor allem emanzipiert sich der Sprachbenutzer dann zu intentionalem Entscheiden, wenn er erkennt, welche Bedeutung die ‚technische' Begrifflichkeit hat, die der Entscheidung angeblich zugrundeliegt[36]."

II. Gesetz, Handlung und Intention

In der bisher dargestellten Entwicklung kann man die Aufeinanderfolge neuer Denkansätze sehen (analytische Begriffserklärung, offene Argumentation, Rechtssprache als Normalsprache, verstehende Rechtswissenschaft), die ihn von den klassischen Formen rechtswissenschaftlicher Tätigkeit und einem hergebrachten Verständnis der Rechtstheorie zunehmend entfernten.

In einem Aufsatz aus dem Jahre 1974 „Rechtfertigung und Erklärung"[1] deutet sich eine Wendung an, die der bisherigen Entwicklung entgegenzulaufen scheint. Die Zielbegriffe dieses Aufsatzes sind „methodische Kontrollierbarkeit" und „Rationalität der Entscheidung"[2]. In der hier herangezogenen Handlungstheorie und in dem Gedanken der finalen Erklärung könnte man das Bemühen sehen, die bisherige Entwicklung methodisch aufzufangen.

Die Gedanken dieses Artikels stellt Aarnio in seiner 1975 erschienenen Monographie „Gesetz, Handlung und Intention" in einen weiteren Zusammenhang. Diese Arbeit bietet eine umfassende Untersuchung der praktischen Entscheidungstätigkeit und der rechtswissenschaftlichen Tätigkeit. Als neu in Aarnios Denkansatz, tritt hier neben der Handlungstheorie die Betonung der systematischen Rechtsordnung hervor. Von der These, alle Rechtsdogmatik sei nur unwissenschaftliche Beeinflussung sagt er jetzt, sie könne nur auf mangelhafter Kenntnis der juristischen Forschungspraxis beruhen[3]. Wesentlicher Anstoß für die Beschäftigung mit der Rechtssystematik scheint die Abhandlung von

---

[36] Aarnio, Rechtsdenken, S. 43.

[1] Dies ist die wörtliche Übersetzung des bei seinem Erscheinen mit „Über die Rechtfertigung von Urteilen" übersetzten Originaltitels „Justifiointi ja selittäminen".

[2] Aarnio, Rechtfertigung, S. 307; vgl. S. 334.

[3] Aarnio, Intention, S. 315.

Alchourrón und Bulygin „Normative Systems" (1971) gewesen zu sein, die auch schon in „Rechtfertigung und Erklärung" erwähnt wird[4].

Als Leitlinie der Untersuchung bleibt Aarnios in der „Verfremdung der Rechtswissenschaft" erhobener Vorwurf der Einseitigkeit der vorhandenen Rechtstheorien erkennbar. Auch hier lehnt Aarnio einen methodischen Monismus ab[5]. Während dies oben aber den Verzicht auf eine Methode überhaupt bedeutete, sieht Aarnio hier das Erfassen verschiedener Komplexe juristischer Tätigkeit mit verschiedenen Methoden verbunden.

Entsprechend gliedert sich die Untersuchung nach einer ausführlichen Einführung in zwei Hauptabschnitte, in denen zuerst die gerichtliche Entscheidungspraxis und dann die Rechtswissenschaft in ihrer Tätigkeit analysiert und methodisch eingeordnet werden. In diese Untersuchung fließen die Aspekte der früheren Arbeiten wieder ein. Insofern läßt sie sich auch als ordnender Rückblick seiner Gedanken seit der „Rechtsstellung des Erben" ansehen.

1. Theoretische Grundlagen der Untersuchung

Aarnio beginnt seine Untersuchung mit der Unterscheidung eines äußeren und eines inneren Aspekts der Rechtsordnung, die er bei H. L. A. Hart[6] und für die Sozialwissenchaften bei Peter Winch[7] vorfindet. Unter dem äußeren Aspekt wird das Verhalten von Individuen und Gruppen beobachtet, es wird beobachtet, wie etwas geschieht und was für Regelmäßigkeiten dabei feststellbar sind. Beim inneren Aspekt treten die Regeln, denen die Handelnden selbst folgen, die sie als verbindlich ansehen, in den Vordergrund[8]. Zu diesen Regeln kommt als für den inneren Aspekt bedeutungsvoll hinzu — Aarnio veranschaulicht das am Bilde eines Schachspielers —, die Strategie, die verfolgt wird, d. h. die Bedeutungen, die der Handelnde seinen Handlungen selbst gibt[9].

Diese Differenzierung findet er in den Kategorien Realismus und Idealismus bei Alf Ross wieder[10]. Die idealistischen Richtungen gehen danach in ihren materiellen (Naturrechtslehre) wie formellen (Kelsen) Ausprägungen von der Gegebenheit des Rechts in der Wirklichkeit aus, ohne daß die Geltung des Rechts durch Wahrnehmung bestätigt werden könnte. Der Realismus legt der Geltung die Erfahrung des Rechts

---

[4] Aarnio, Rechtfertigung, S. 307, 312, 327.

[5] Aarnio, Intention, S. 387.

[6] Vgl. Hart, Concept, S. 86.

[7] Vgl. Winch, Social Science.

[8] Aarnio, Intention, S. 15 ff.

[9] Aarnio, Intention, S. 17 f.

[10] Vgl. Ross, Law, S. 64 ff.

in der Wirklichkeit zugrunde. Hier ist das Recht von der Erfahrung des praktischen Rechtslebens abhängig, während im Idealismus die Rechtsregeln einen autonomen Normenkomplex darstellen[11].

Die Entsprechung von Idealismus und innerem Aspekt, sowie Realismus und äußerem Aspekt wird für Aarnio dadurch hergestellt, daß den Idealismus wie den inneren Aspekt vor allem die Rechtsordnung als eine Gesamtheit von *Regeln* interessiert, während der Realismus und der äußere Aspekt auf die *Regelmäßigkeiten* des Rechtslebens ausgerichtet sind[12].

Diese beiden Komplexe erlauben Aarnio die Zuordnung zweier weiterer Begriffe, des Gesetzespositivismus, der für ihn neben der Naturrechtslehre die bedeutendste idealistische Rechtsauffassung ist und des Positivismus im Sinne eines philosophischen Positivismus, der die Erscheinungen als gegeben hinnimmt, sich auf Wahrnehmungswissen stützt und einen methodischen Monismus vertritt und damit eine typisch realistische (empiristische) Haltung einnimmt[13].

Sowohl den Idealismus, als auch den Realismus sieht Aarnio für sich genommen als unbefriedigend an: Der Idealismus gibt den Regeln die zentrale Stellung, gibt aber keine exakte Antwort auf die Frage, wie man Kenntnis von den Regeln erhält, wie man sicher sein kann, daß gerade eine bestimmte Regel gilt. Andrerseits löst der Idealismus die Regeln so aus der sozialen Wirklichkeit, daß die Frage nach ihrer Wirkung in der Gesellschaft aus dem Blickfeld gerät.

Der Realismus hingegen klärt seine eigenen Voraussetzungen nicht, es bleibt die Frage ungeklärt, ob es überhaupt möglich ist, die Rechtsordnung ausschließlich von außen her zu betrachten. Unter der Voraussetzung, daß weder eine rein realistische, noch eine rein idealistische Haltung befriedigen, sieht Aarnio als eines der zu behandelnden Probleme die Frage nach der Stellung von Gesetzespositivismus und Positivismus in der Rechtswissenschaft an[14].

Bei der Bestimmung von Gegenstand und Methode seiner Untersuchung macht Aarnio gegenüber den traditionellen Verfahrensweisen einige Einschränkungen. Betroffen ist dabei vor allem die Frage nach Wahrheit und Existenz von Rechtsnormen.

Er geht davon aus, daß Gegenstand unmittelbarer Wahrnehmung im Recht nur drei verschiedene Komplexe sein können: Das Verhalten der Normsetzungsorgane, das Verhalten von Individuen, das mit Verletzung

---

[11] Aarnio, Intention, S. 21 f.

[12] Aarnio, Intention, S. 23.

[13] Aarnio, Intention, S. 23 f.

[14] Aarnio, Intention, S. 42 f.

oder Befolgung einer Norm bezeichnet wird, und das Verhalten von Entscheidungsorganen, die Normanwendung[15].

Bei der Frage nach dem *Inhalt* der Norm sind Wahrnehmungsgegenstand nur Texte (d. h. Druckerschwärze), als Gesetzestexte, Gesetzgebungsvorarbeiten oder höchstrichterliche Entscheidungen. Hierbei handelt es sich um Texte, die über Normen informieren, Rechtsnormsätze in Makkonens Sinn, nicht um die Normen selbst[16].

Die Frage nach den Rechtsnormen als Gegenstand der Forschung wird dann zur Problematik, wie der Forscher von dem von ihm benutzten Material zu seinem Ergebnis kommt, ob dieser Weg *methodisch kontrollierbar* ist und bejahendenfalls, wie diese Kontrolle ausgeübt werden kann. Anstelle der Existenz von Normen ist wesentlich nur die Charakterisierung der juristischen Folgerung und die Klärung der dem Rechtsdenken eigenen Kontrollmöglichkeiten, die die Richtigkeit der Rechtsnormsätze sicherstellen sollen[17].

Den hierin liegenden Verzicht auf eine inhaltliche Bestimmung von „Geltung" sieht Aarnio nicht als nachteilig an. Er will keine neue Theorie schaffen, keine normative Lehre, wie die Jurisprudenz richtigerweise vorzugehen habe, sondern er will klären, wie sie tatsächlich verfährt. Seine Untersuchung ist der Versuch, die „Alltagsjurisprudenz", die die Entscheidungstätigkeit des Richters, wie das wissenschaftliche Denken umfaßt, darzustellen und zu erklären[18].

Der Blickwinkel von Aarnios Untersuchung ergibt sich aus der Synthese zweier Ansätze. Er verbindet die vor allem an den Regeln gesellschaftlichen Handelns orientierte Sozialwissenschaft von Peter Winch mit der Handlungstheorie von G. H. v. Wright. Die Bezeichnung *Analytische Hermeneutik*, die v. Wright der in Winch's „The Idea of Social Science" zum Ausdruck kommenden Denkrichtung gibt[19], akzeptiert Aarnio auch für seine Untersuchung[20].

Die Verbindung von Winch zu v. Wright kann man darin sehen, daß Winch zum Verständnis sozialen Verhaltens die Notwendigkeit betont, die Bedingungen, unter denen der Handelnde sich selbst sieht, zu berücksichtigen. Die Blickrichtung scheint bei v. Wright dieselbe zu sein, wenn er die Handlungen von Personen anhand der in diesen liegenden Intentionen erklärt.

---

15 Aarnio, Intention, S. 49.
16 Aarnio, ebenda.
17 Aarnio, Intention, S. 50.
18 Aarnio, Intention, S. 52.
19 Vgl. v. Wright, Explanation, S. 181.
20 Aarnio, Intention, S. 82 Fn. 120.

Zu der Differenzierung von innerem und äußerem Aspekt, die vor allem für den Rechtswissenschaftler gilt, tritt unter dem Gesichtspunkt der Verhaltensregel für den Richter die Polarität von institutionalisiertem, das heißt absichtslos Regeln folgendem und intentionalem Verhalten[21]. In diesen vier Punkten kann man den Rahmen der Untersuchung sehen.

2. Die Gerichtsentscheidung als intentionaler Akt

Wenn Aarnio die Entscheidungstätigkeit des Richters vor allem in gesellschaftlichem Zusammenhang sieht, setzt er damit eine skandinavische Rechtstradition fort. Der enge Zusammenhang zwischen rechtlicher und sozialer Sphäre kennzeichnet den skandinavischen gegenüber dem mitteleuropäischen Rechtskreis. Unmittelbar beruft sich Aarnio auf Otto Brusiin. Wie dieser sieht er keinen grundsätzlichen Unterschied zwischen rechtlicher und politisch-gesellschaftlicher Entscheidung. Sie sind, wie zwei Farben des Spektrums durch einen allmählichen Übergang verbunden[22].

Ist aber die Ziel- und Zweckgerichtetheit gerade für gesellschaftliches Handeln typisch, so stellt sich die Frage, inwieweit dies auch für die rechtliche Entscheidung gilt. Diese Frage sieht Aarnio in der bisherigen Rechtswissenschaft und Rechtstheorie vernachlässigt.

Er macht sein Anliegen deutlich, indem er das Verhältnis seiner Untersuchung zu der Makkonens darstellt. Makkonen hat gezeigt, *daß* der Entscheidende weitgehend wertend Stellung nehmen muß, er selbst will zeigen, *wie* dies geschieht, wie seine Entscheidung bestimmt wird. Aarnios Untersuchung stellt insoweit eine Fortsetzung der Forschungsarbeit von Makkonen dar. Die Fortsetzung sieht er dadurch ermöglicht, daß ihm die Handlungstheorie erlaubt, den Punkt, an dem Makkonen in Ermangelung einer geeigneten Begrifflichkeit aufzuhören genötigt war, zu überschreiten[23].

a) Die Handlungstheorie und das praktische Schließen

Die Darstellung, die Aarnio der Handlungstheorie gibt, beruht weitgehend auf den Arbeiten von G. H. v. Wright[24]. Eine Handlung ist danach definiert als die intentionale Herbeiführung oder Verhinderung einer Veränderung in der Welt. Die exakte Beschreibung einer Handlung setzt dann Informationen über drei Komplexe voraus:

---

[21] Aarnio, Intention, S. 73 ff.

[22] Aarnio, Intention, S. 90 ff.

[23] Aarnio, Intention, S. 93 ff.

[24] Aarnio, Intention, S. 98 ff.; vgl. v. Wright, Essay, S. 37 ff. und den Artikel „Handlungslogik". Ein Entwurf.

1. Der Zustand der Welt zu Beginn der Handlung.
2. Der Zustand der Welt bei Beendigung der Handlung.
3. Der Zustand der Welt, der bestünde, wenn der Handelnde nicht eingegriffen hätte.

Dies läßt sich allgemeiner durch eine Formel ausdrücken:

$$s_i\, T\, (s_j\, I\, s_k).$$

Diese Formel wäre zu lesen als: Auf den Zustand s_i folgte durch das Eingreifen des Handelnden der Zustand s_j, während sonst der Zustand s_k eingetreten wäre.

Die Handlungsmöglichkeiten sind von mehreren Faktoren abhängig. Der Handelnde kann dadurch beschränkt sein, daß der Gang der Welt seiner Einflußnahme entzogen ist, der Handelnde kann aufgrund seiner persönlichen Fähigkeiten außerstande sein, eine Änderung zu bewirken. Als eine solche Beschränkung des "Tunkönnens" kann man es auch ansehen, wenn der Handelnde durch gewisse Regeln oder Normen gebunden ist.

Die Handlungstheorie stellt die Möglichkeiten, in einer Situation eine von mehreren möglichen Handlungen zu wählen und die von den alternativen Entscheidungen eröffneten weiteren Handlungsmöglichkeiten in einem topologischen Baum (Lebensbaum) dar. Innerhalb dieses Lebensbaumes lassen sich die Handlungen als Wahl eines Handlungsverlaufs, der für den Handelnden ein Lebenslauf ist, zeigen, in dem die Möglichkeiten des Handelnden in einer bestimmten Situation abhängig von seinem bisherigen Leben sind.

Aarnio ist nicht am Kalkül einer Handlungslogik interessiert. Diesem Zweck dient die Handlungstheorie mit der Möglichkeit einer adäquaten Darstellung von Handlungen. Für Aarnio tritt der Akt der Wahl eines bestimmten Handlungsverlaufs in den Vordergrund.

Auch die für diesen Aspekt entscheidende Begrifflichkeit findet sich in v. Wrights Darstellungen der Handlungstheorie[25]. Im Akt der Wahl zeigt sich die Bezogenheit der Handlung auf eine Gelegenheit und hierin ein irreales („kontrafaktisches") Element der Handlung, das sich offenbart, wenn danach gefragt wird, was geschehen wäre, wenn der Handelnde sich anders entschieden hätte oder untätig geblieben wäre. An dieser Stelle treten die Intentionen des Handelnden hervor.

Diesen Aspekt der Handlungstheorie will Aarnio für das Verständnis des juristischen Entscheidungshandelns nutzbar machen. Mit der Angabe der Intentionen wird die Frage nach dem „Warum" einer Handlung beantwortet und dadurch die Handlung verständlich[26].

[25] Vgl. v. Wright, Essay, S. 44; Handlungslogik, S. 88.

Aarnio geht von einer Situation aus, in der ein Fall auf mehr als eine Weise entschieden werden kann. Unter diesen Entscheidungsmöglichkeiten sieht er den Richter eine Wahl durch Erörterung der jeweiligen Folgen seiner Entscheidung treffen. Er wählt die Entscheidung aus, deren Folgen den Zielen, die er verfolgt, am besten dient. Im Entscheidungshandeln zeigt sich dann die Strategie des Richters bei der Verwirklichung seiner Ziele.

Das Verständnis der Entscheidung setzt folgende Angaben voraus:

1. Die Zielvorstellungen des Entscheidenden.
2. Seine Vorstellungen von der Wirklichkeit, in der Terminologie der Handlungstheorie: vom physischen und deontischen Zustand der Welt.
3. Seine Kausalitätsvorstellungen, d. h. seine Vorstellungen, welche Entscheidungen welche Folgen haben werden.

Sind diese Informationen gegeben, stellt sich die Entscheidung als notwendig dar, wenn der Entscheidende nicht mit seinen Zielen oder Kausalitätsvorstellungen in Widerspruch geraten soll.

Diese Notwendigkeit kann im sog. praktischen Syllogismus als logischer Schluß dargestellt werden.

A will E erreichen.
A glaubt, er werde E nicht erreichen, wenn er nicht T tut.
———
A tut T[27].

Die Verwendung praktischer Schlüsse bei Aarnio stützt sich wieder auf Untersuchungen von v. Wright[28]. Der schon von Aristoteles dargestellte Unterschied zwischen theoretischen und praktischen Schlüssen[29] liegt zunächst darin, daß die theoretischen Schlüsse in einer allgemeinen Behauptung enden, während die praktischen Schlüsse als Konklusion eine Handlung haben. Sie unterscheiden sich aber auch im logischen Zusammenhang von Prämissen und Konklusion. Diesen insbesondere hat v. Wright untersucht.

Er unterscheidet einen retrospektiven und einen prospektiven Gebrauch des Schlusses. Mit logischer Notwendigkeit folgt die Konklusion aus den Prämissen nur beim retrospektiven Gebrauch. Hier werden zu einer Konklusion die Prämissen gebildet, aus denen die Handlung mit praktischer Notwendigkeit folgt. Hierbei handelt es sich um den Modellfall einer teleologischen Erklärung. Beim prospektiven Gebrauch in der

[26] Aarnio, Intention, S. 106.
[27] Aarnio, Intention, S. 106 ff.
[28] Vgl. v. Wright, Praktisches Schließen und Über sog. praktisches Schließen.
[29] s. Aristoteles, Nikomachische Ethik, 1147 a, b.

dritten Person — also bei der Vorhersage fremden Verhaltens — gilt der Schluß mit logischer Gültigkeit nur, wenn ihm eine Klausel beigegeben ist, die ihn unter den Vorbehalt stellt, daß der in den Prämissen enthaltene teleologische Rahmen sich nicht ändert und kein die Absichtsverwirklichung hinderndes Ereignis eintritt[30].

b) Die Anwendbarkeit des praktischen Schlusses auf die juristische Entscheidung

Zur Darstellung der Entscheidungs*tätigkeit* sieht Aarnio nur den praktischen Schluß als geeignet an[31]. Der theoretische Schluß führt ihn von einer normativen Prämisse zu einer normativen Folgerung, die nicht die Entscheidung selbst enthält, sondern eine Anweisung zur Entscheidung:

> Wer eine Tat T begangen hat, soll mit Freiheitsstrafe von einem Jahr bis zu zehn Jahren bestraft werden.
> A hat eine Tat T begangen.
> A soll zu einer Freiheitsstrafe von einem Jahr bis zu zehn Jahren bestraft werden.

Das logische Folgerungsschema, das die Entscheidungshandlung, den Ausspruch des Urteils enthält, ist für Aarnio dagegen gerade der praktische Schluß.

Besonders hinsichtlich seiner Prämissen ist der praktische Syllogismus aber in Anwendung auf die richterliche Tätigkeit nicht so einfach wie in dem gezeigten Beispiel. Für den Fall einer Analogieentscheidung gibt Aarnio folgende Prämissen an:

1. Der Richter ist der Ansicht, daß er lebens- und gesundheitsgefährdende Handlungen zu verhüten hat.
2. Er weiß, daß die Handlung A lebens- und gesundheitsgefährdend ist.
3. Er weiß, daß für die Handlung A die Strafe S festgesetzt ist.
4. Er glaubt, daß S dem oben erwähnten allgemeinen Ziel dienlich ist.
5. Er ist der Ansicht, daß die Handlung B in gleicher Weise lebens- und gesundheitsgefährdend ist, wie die Handlung A.
6. Er glaubt, daß die Verhängung der Folge S auf die Handlung B dem oben erwähnten allgemeinen Zweck dienlich ist[32].

---

[30] Aarnio, Intention, S. 111 ff.; vgl. v. Wright, Über sog. praktisches Schließen, S. 73 ff.

[31] Aarnio, Intention, S. 133 f.

[32] Dieses Beispiel wird man nur formal verstehen dürfen. Auch in Finnland ist im Strafrecht die Analogie zu Lasten des Angeklagten verboten (vgl. Aarnio / Heinonen / Tuori, Finnisches Recht 1, S. 158).

In diesen Sätzen sieht er den für den praktischen Syllogismus typischen „Prämissenhintergrund". Aus diesem Material will er den Obersatz, der die Intentionen enthält, den Untersatz, der die Kausalvorstellungen enthält, bilden und so in der Konklusion bei der Entscheidung als tatsächlicher Handlung enden[33].

Neben dieser „heuristischen" Darstellung der Entscheidung durch den praktischen Syllogismus sieht er aber innerhalb bestimmter Grenzen auch die Möglichkeit, theoretische Syllogismen heranzuziehen und zwar zur nachträglichen Rationalisierung, zur Rechtfertigung der Entscheidung[34].

c) Die finale Erklärung der Entscheidung

Nach der Feststellung, daß die Entscheidungstätigkeit grundsätzlich durch einen praktischen Syllogismus dargestellt werden kann, bleibt aber die Frage bestehen, inwieweit die Entscheidung als Handlung im Sinne der Handlungstheorie verstanden werden kann. Dies setzt voraus, daß durch sie eine Veränderung herbeigeführt oder verhindert wird und daß dies intentional geschieht.

Das Kriterium der Veränderung sieht Aarnio durch die Entscheidung folgenderweise erfüllt: Zunächst ergibt sich durch die Entscheidung eine Veränderung oder deren Verhinderung in der deontischen Welt:

> „Ein wenig vereinfachend könnte man die Veränderung durch die Feststellung charakterisieren, daß die Rechte, Erlaubnisse und Pflichten nach dem Urteil anders geregelt sind als vorher. Bei der Verhinderung einer Änderung wiederum (die Klage wird verworfen), bleibt die Lage normativ unverändert. Wenn z. B. der A bei B einen Schaden verursacht hat, entsteht eine Ersatz*pflicht* für A erst und gerade nach Erlaß des Urteils (eigentlich, nachdem es rechtskräftig geworden ist)[35]."

Diese Änderung führt weiter aber auch zu Änderungen in der sozialen, konkreten Welt, indem das Urteil vollstreckt wird oder noch weiter, indem das Urteil präventiv hinsichtlich des Verhaltens auch anderer Personen wirkt[36].

Bei der Beurteilung der Intentionalität der Entscheidungstätigkeit differenziert Aarnio. Er stellt den Bereich der juristischen Entscheidung als eine Skala dar, auf der sich die Entscheidungen nach dem Grad der Gebundenheit des Entscheidenden einordnen lassen. Die beiden Pole dieser Skala bilden das erwähnte institutionalisierte und das intentionale Entscheiden. Ein Beispiel für eine zwischen diesen Polen liegende

---

[33] Aarnio, Intention, S. 132 f., 166.
[34] Aarnio, Intention, S. 134.
[35] Aarnio, Intention, S. 138.
[36] Aarnio, Intention, S. 137 ff.

Entscheidung ist die Analogieentscheidung. Diese drei Typen sind kurz darzustellen.

aa) Ein institutionalisiertes Verhalten — der Begriff stammt von v. Wright[37] — sieht Aarnio da vorliegen, wo der Entscheidende ohne weiteres einer Regel folgen kann. Es kann sich hierbei um den von Makkonen Isomorphiesituation genannten Fall handeln, aber auch darum, daß der Entscheidende eine bestimmte Wertung seiner Umgebung „internalisiert" hat. Ausschlaggebend ist, daß er ohne weitere Überlegung entscheiden kann und auch so entscheidet. In diesen Fällen spielt die Intention und damit auch die finale Erklärung keine Rolle[38].

bb) Bei der Entscheidung durch analoge Anwendung einer vorhandenen Regel sieht Aarnio die Möglichkeit einer gesetzessystematischen Erklärung durch die bekannten Analogieschlüsse. Auch hier werden die Folgen der Entscheidung bedacht. Soweit dies Folgen sind, die eine Entscheidung innerhalb eines Systems hat, nennt er sie „ideelle Folgen" (aatteellisia seuraamuksia). Die Erklärung durch Hinweis auf die ideellen Folgen hält er aber für unbefriedigend. Die Wertung, die in der Behauptung der Analogie stecke, lasse sich so nicht erklären. Dies erfordere die Berücksichtigung der „empirischen Folgen", d. h. der Folgen in der sozialen Wirklichkeit. Indem der Entscheidende sich auf eine Folge in dieser Wirklichkeit ausrichte, handle er intentional und damit sei seine Entscheidung auch als Handlung zu verstehen und zu erklären.

Dies schließe jedoch die Möglichkeit einer systematischen Erklärung nicht aus (d. h. durch Abwägung der ideellen Folgen). Auf diesem Gebiet überlappen sich beide Erklärungsarten[39].

cc) Die Entscheidung wandert auf der Skala in Richtung auf das Extrem intentionalen Handelns, wenn beim Entscheidungsverhalten zunehmend empirische Folgen berücksichtigt werden. Dies ist der Fall, wenn z. B. aufgrund von Billigkeitserwägungen entschieden wird oder wenn, wie in Umweltsachen, die tatsächlichen wirtschaftlichen und gesellschaftlichen Folgen andere Überlegungen verdrängen. Hier handelt der Entscheidende bei der Auswahl der Rechtsfolge intentional[40].

Aarnio sieht die Bedeutung der Handlungstheorie und des finalen Erklärens unter einigen allgemeinen Einschränkungen. Diese ergeben sich aus dem speziellen Erklärungsinteresse dieser Theorie, das sich auf die Entscheidung als individuelle Handlung richtet. Die Beantwortung bestimmter Fragen nach gesellschaftlichen Strukturen und Prozessen liegt damit außerhalb ihrer Leistungsfähigkeit[41].

---

[37] s. v. Wright, Determinismus, S. 146.
[38] Aarnio, Intention, S. 142 ff., 168 f.
[39] Aarnio, Intention, S. 170.
[40] Aarnio, Intention, S. 171 ff.

Keine Beschränkung folgt aber daraus, daß die Entscheidung von einem Spruchkörper gefällt wird. Auch die Entscheidungstätigkeit der ganzen Rechtsprechung über einen gewissen Zeitraum läßt sich für die finale Erklärung erschließen, da diese auf einzelne Entscheidungen einzelner Handelnder rückführbar sei[42].

Schließlich stellt Aarnio die Frage nach der Feststellbarkeit der Intentionen, von der die Richtigkeit der Erklärung abhängt.

Zunächst gibt er die Möglichkeit an, aus den Eigenarten des Verhaltens des Entscheidenden auf seine Motive zu schließen. Die Zuverlässigkeit des Bildes, das sich auf diese Weise ergibt, ist abhängig von der Regelmäßigkeit des Verhaltens der beobachteten Person. In einer Befragung sieht Aarnio ein nur begrenzt taugliches Mittel, weil der Befragte sich seiner eigenen Ziele nicht bewußt zu sein braucht. Ausgangspunkt der Erklärung ist für ihn das Erfassen des Gesamtverhaltens des Richters[43].

Eine vollständige Erklärung der Handlung ist aber auch bei einer gesicherten Auskunft über die Ziele des Handelnden nicht möglich. Die Ziele selbst sind wiederum abhängig von anderen hinter ihnen liegenden Zielen. Wie Lahtinen (vgl. o. A I) sieht Aarnio unvermeidlich die Situation eintreten, daß irgendwann auf ein Werturteil rekurriert werden muß. In diesem Werturteil sieht Aarnio den Entscheidenden aber nicht frei, sondern durch seine Zugehörigkeit zu einer bestimmten Gesellschaft gebunden, gegen deren grundlegende Ziele er nicht handeln werde. Kann individuelles Verhalten so nicht aus seinen gesellschaftlichen Zusammenhängen gelöst werden, erfordert das Gesamtbild der Intentionen des Entscheidenden dann auch die Berücksichtigung seiner gesellschaftlichen Umgebung[44]:

„Das Erklären führt deshalb zu mühseligen und in der Interpretation schwierigen Analysen. Ein anderer Weg zur Aufhellung der Intentionen ist aber nicht aufzeigbar. Die Erklärungskraft hängt ganz vom *Grad der Kohärenz* ab, den die verschiedenartigen als Rückhalt des Motivationshintergrundes vorgebrachten Argumente habe. Je einheitlichere Grundlagen wir zeigen können, desto sicherer können wir sein, daß unsere Behauptung über die Motivation wahr ist und daß unsere Erklärung des Verhaltens richtig ist. Die Verifikation der finalen Erklärung ist so dem Zusammensetzen eines Puzzlespiels ähnlich: Wenn die verschiedenen Teile eine vollständige Gestalt zeigen, ist die Zusammensetzung geglückt[45]."

41 Aarnio, Intention, S. 197 ff.
42 Aarnio, Intention, S. 200 ff.
43 Aarnio, Intention, S. 203 f.
44 Aarnio, Intention, S. 204 f.
45 Aarnio, Intention, S. 205 f.

3. Die Rechtswissenschaft

Aarnio zeigt zunächst seinen oben schon angedeuteten rechtsmethodischen Pluralismus als in der Normalsprachenphilosophie begründet. Die verschiedenen Wege Rechtswissenschaft zu betreiben, als Prognose von Entscheidungen, als Systematisierung, als Rechtsgeschichte oder als Rechtsvergleichung, sieht er als verschiedene Sprachspiele an, die nur aufgrund ihrer eigenen Voraussetzungen betrachtet werden können. Seinen rechtstheoretischen Leitsatz bildet Wittgensteins Aussage, die Philosophie dürfe den tatsächlichen Gebrauch der Sprache in keiner Weise antasten, sie könne ihn am Ende nur beschreiben[46].

Es geht ihm nicht darum, der Wissenschaft Normen zu setzen, wie sie zu verfahren habe, sondern ihr zu zeigen, was sie tut. In der Bewußtmachung ihrer Voraussetzungen sieht er aber die Möglichkeit ihrer Kritik und als Folge die Änderung von Denkweisen[47].

a) Induktion und Prognose

In einem ersten Komplex prüft Aarnio, ob das rechtswissenschaftliche Denken als induktives Denken verstanden werden kann, wie es von Cohen[48] und Horovitz[49] vertreten wird. Die Induktion dient der Auffindung von Regelmäßigkeiten und damit auch der Vorhersage zukünftiger Ereignisse. Die Möglichkeit einer Induktion im Recht berührt daher zugleich die Frage nach der Vorhersagbarkeit künftigen Entscheidungsverhaltens der Gerichte.

Die Induktion erhält dann eine besondere Bedeutung bei der Erörterung eines Standpunktes, den er wohl bei Alf Ross vertreten sieht[50]. Danach können rechtswissenschaftliche Sätze allgemein als Prognose des Verhaltens von Entscheidungsorganen verstanden werden. Er lehnt diesen Standpunkt im Ereignis ab, weil er die Vorhersage von Entscheidungen nicht für repräsentativ für rechtswissenschaftliche Tätigkeiten hält, sie ist nur eine unter mehreren Möglichkeiten, Rechtswissenschaft zu betreiben[51].

---

[46] Wittgenstein, Philosophische Untersuchungen I, § 124.

[47] Aarnio, Intention, S. 208 ff.

[48] s. Cohen, The Implications of Induction.

[49] s. Horovitz, Law and Logic.

[50] Aarnio, Intention, S. 237 ff.; vgl. Ross, Law, S. 42 ff. Ross versteht Rechtswissenschaft als Rechtsdoktrin (doctrinal study of law). Hier geht es um die Geltung von Normen, und die Behauptung, daß eine Norm gelte, versteht er als Voraussage ihrer Anwendung. Von der Doktrin unterscheidet er „jurisprudence", womit ein weiterer Bereich bezeichnet ist, der eher Aarnios Rechtswissenschaft entsprechen dürfte. Vgl. Ross, Law, S. 10 f.; 42 ff.

[51] Aarnio, Intention, S. 247.

Aarnio hat aber vor allem grundsätzliche Bedenken gegen eine Verwendungen von Induktion oder Vorhersage als rechtswissenschaftlicher Methode. Er geht davon aus, daß eine induktiv festgestellte Regelmäßigkeit auf einer Gleichheit oder Ähnlichkeit bestimmter Fälle beruht. Eine solche Entsprechung besteht aber stets nur hinsichtlich eines bestimmten „Schlüssels", der die Kriterien der Entsprechung angibt. Ein Vergleich von Fällen ist daher nur anhand eines irgendwie festzusetzenden „Isomorphieschlüssels" möglich. Bei der Auswahl dieses Schlüssels, bei der Bestimmung, was die wesentlichen Tatsachen sind, sieht Aarnio eine Unsicherheit eintreten[52].

Hierfür ist u. a. der Umstand verantwortlich, daß der Rechtswissenschaftler im Gegensatz zum Naturwissenschaftler sein Material immer in sprachlicher Darstellung erhält. Diese Sprache ist ihrer Art nach die alltägliche Umgangssprache[53]. Dem untersuchenden Forscher erscheinen möglicherweise andere Dinge relevant als dem entscheidenden Richter[54]. Der Informationsstand des Entscheidenden kann sich durch neue Erkenntnisse über die Rechtsordnung oder die tatsächlichen gesellschaftlichen Verhältnisse ändern, so daß sein bisheriges Entscheidungsverhalten sich ändert[55].

Im ersten dieser Argumente zeigt sich der Ansatz in der Normalsprachenphilosophie, den Aarnio seit den „Testamentsrechtlichen Fragen" verfolgt hat (s. o. C I 3). Das zweite Argument entspricht der Kritik der verstehenden Rechtstheorie in den „Grundlagen des Rechtsdenkens" (s. o. C I 5). Das dritte Argument entspricht inhaltlich der Vorbehaltsklausel, unter der v. Wright die logische Gültigkeit des praktischen Syllogismus bei prospektivem Gebrauch sieht (s. o. C II 2a). Prognose und Induktion sind hierdurch nicht grundsätzlich ausgeschlossen, aber doch nur unter engen Vorausetzungen möglich[56].

b) Rechtsdogmatik (Jurisprudenz)

Den Tätigkeitsbereich der Rechtsdogmatik oder der Jurisprudenz, sieht Aarnio in der Systematisierung und in der Auslegung. Er untersucht, inwieweit diese als rationale Tätigkeiten verstanden werden können. Diese Untersuchung ist zugleich eine Auseinandersetzung mit Antti Kivivuori, dessen Forderung nach offener Argumentation er sich in den „Aussichten der juristischen Forschung" zueigen gemacht hatte. Diese Forderung war mit einem Zweifel am Wert der methodisch-wis-

---

52 Aarnio, Intention, S. 235.

53 Aarnio, Intention, S. 238.

54 Aarnio, Intention, S. 239.

55 Aarnio, Intention, S. 241.

56 Aarnio, Intention, S. 247.

senschaftlichen Rechtswissenschaft verbunden[57]. Später hat Kivivuori das Modell einer politischen Rechtswissenschaft entwickelt, in der sich die Rechtswissenschaft als Form unwissenschaftlichen Einwirkens auf die Gesellschaft darstellt[58].

Ein solcher, das Element der Beeinflussung in den Vordergrund stellender Ansatz würde zugleich der Handlungstheorie und dem finalen Erklären eine wesentliche Rolle einräumen. Mit der Frage nach der Bedeutung der finalen Erklärung von Rechtsprechung und Gesetzgebung in der Rechtswissenschaft wird dann auch die Haltbarkeit von Kivivuoris Standpunkt in Frage gestellt[59].

aa) Systematisierung

Für Aarnio geht die Systematisierung in der Rechtswissenschaft von der aristotelischen Begriffslogik aus[60]. Der systematisierenden Rechtswissenschaft liegt dann eine Differenzierung ihres Gegenstandes zugrunde. Auf der einen Seite stehen die Normen der Rechtsordnung, und auf der anderen Seite steht die Begriffskonstruktion, welche die Normen darstellt[61].

Das Verhältnis dieser beiden Seiten zueinander und die Aufgabe der Systematisierung bestimmt Aarnio in Anlehnung an seine Analyse in der „Rechtsstellung des Erben". Die Begriffssystematik hat eine darstellungstechnische Funktion, sie soll die geltenden Rechtsnormen abbilden. Der Begriff ist das Abbild eines Normenkomplexes und ermöglicht so eine vereinfachte Kommunikation[62].

Für die Beschreibung der systematisierenden Arbeit des Rechtswissenschaftlers zieht Aarnio die Untersuchung „Normative Systems" von Alchourrón und Bulygin heran. Grundlage der Systematisierung ist ein Problem oder eine Gruppe von Problemen, deren gesetzliche Regelung den Juristen interessiert, dann eine Menge von Rechtssätzen, die für diese Probleme relevant sind und schließlich eine Menge von Folgerungsregeln, die der Jurist bei der Herleitung von Rechtsfolgen benutzt[63].

Neben die Formulierung dieses primären Systems tritt die Aufgabe seiner Reformulierung. Darunter ist die Ersetzung des Systems durch ein anderes zu verstehen, die den durch die Rechtsfolgen definierten normativen Gehalt nicht antastet, aber zu einer einfacheren Handhabung der Rechtsordnung führt[64].

---

[57] s. Kivivuori, Entwicklung, S. 25 ff.
[58] s. Kivivuori, Politische Rechtswissenschaft.
[59] Aarnio, Intention, S. 247 ff.
[60] Aarnio, Intention, S. 263.
[61] Aarnio, Intention, S. 265.
[62] Aarnio, Intention, S. 268; vgl. o. S. 76.
[63] Aarnio, Intention, S. 272; vgl. Alchourrón / Bulygin, S. 68 ff.

Diese Tätigkeit der Reformulierung des Systems ist für Aarnio eine rein rationale und damit sieht er schon Kivivuoris These, daß alle Rechtsdogmatik auf gesellschaftliche Einflußnahme ausgerichtet sei, als widerlegt an[65].

bb) Auslegung

Aarnio unterscheidet vier Aussagetypen, die in der dogmatischen Forschung verwendet werden. Der einfachste Typ sind Aussagen über Normen, die den Text einer Vorschrift wiederholen: „Die Vorschrift besagt, daß . . . ." Solche Aussagen sind wie Aussagen über die physikalische Wirklichkeit ohne weiteres zu verifizieren und unproblematisch[66].

Zunehmend schwieriger sind Aussagen, die der Formulierung des Systems dienen, dann Auslegungssätze, die eine technische Norm ausdrükken und schließlich die von Aarnio als „echte Auslegungssätze" angesehenen Aussagen.

α) Die logische Formulierung des Systems

Da das System bei Aarnio aus Begriffen konstituiert ist, sind die hier verwendeten Aussagen vor allem solche, die den Inhalt von Begriffen festlegen. Hierfür sieht Aarnio zwei grundsätzlich verschiedene Wege gegeben. Man kann Begriffe stipulativ definieren. Solche Definitionen sind aber weder wahr noch falsch zu nennen, sie sind nur zweckmäßig oder nicht, gut oder schlecht[67].

Man kann Definitionen aber auch als Behauptungen über die Rechtssprache auffassen. Als solche können sie wahr oder falsch sein. Es erhebt sich dann aber die Frage, wie diese maßgebliche Rechtssprache festzustellen ist. Es könnte der Beurteilung ein Wörterbuch zugrundegelegt werden oder der Sprachgebrauch eines einzelnen Juristen. Hier weist wieder Wittgensteins Normalsprachenphilosophie[68] Aarnio den Weg:

> „Die Grundlage dafür, daß wir überhaupt alltägliche Bedeutungsinhalte verstehen, liegt in der Art, wie wir eine Sprache lernen.
>
> Auf dem Gebiet des Rechts gibt es viele gemeinsame Sprachgewohnheiten, an die alle Juristen gebunden sind. Die einheitliche Ausbildung, die juristische Praxis etc. formen auf ihre Weise die juristische Sprache, in der der Informationsaustausch hauptsächlich geschieht[69]."

Entscheidend für die Wahrheit einer Bedeutungsbehauptung ist also eine juristische *Gemeinsprache*. Dieser entspricht eine Bedeutung dann,

---

[64] Aarnio, Intention, S. 272 f.; vgl. Alchourrón / Bulygin, S. 71.

[65] Aarnio, Intention, S. 284.

[66] Aarnio, Intention, S. 306 f.

[67] Aarnio, Intention, S. 292 f.

[68] Vgl. Aarnio, Intention, S. 295 Fn. 113, wo außerdem auf H. L. A. Hart, Definition and Theory in Jurisprudence und The Ascription of Responsability and Rights verwiesen wird.

[69] Aarnio, Intention, S. 293 f.

wenn jedes beliebige Mitglied der juristischen Sprachgemeinschaft dem Ausdruck diese Bedeutung gäbe[70].

Andere Begriffe sieht Aarnio allerdings schon im Gesetz definiert, so z. B. den Erben in Kap. 2 des finnischen Erbrechtsgesetzes vom 5. 2. 1965, in dem der Kreis der erbberechtigten Verwandten beschrieben ist[71].

Durch derartig bestimmte Begriffe gibt Aarnio dem System einen „empirischen" Inhalt. Soweit eine solche Bestimmung möglich ist, d. h. vor allem, solange die Begriffe nicht unklar sind und solange nicht unter verschiedenen möglichen Bedeutungen ausgewählt werden muß, sieht er die Systematisierung als rationale Tätigkeit an[72].

β) Auslegungssätze, die eine technische Norm beinhalten

Eine andere Möglichkeit Rechtswissenschaft zu betreiben sieht Aarnio darin, daß Begriffsinhalte nicht stipulativ oder deskriptiv festgelegt werden, sondern daß nur mögliche Inhalte ohne Festlegung aufgezeigt werden. Hierbei handelt es sich allerdings zumeist nur um eine vorläufige „orientierende Analyse".

Wichtiger ist der nächste Schritt, in dem unter den aufgezeigten Möglichkeiten Prioritäten gesetzt werden. Den hierin liegenden Wertungsakt kann Aarnio wieder als praktischen Syllogismus darstellen, der die Bevorzugung eines bestimmten Inhalts des Begriffs als Folge bestimmter Intentionen und Kausalitätsvorstellungen zeigt. Die zweite Prämisse eines solchen Syllogismus, nämlich „A glaubt, er werde E nicht erreichen, wenn er nicht T tut", nennt v. Wright in der Gestalt „wenn Du dies willst, tu das" eine technische Norm[73]. Dieser Satz ist nicht präskriptiv, sondern er enthält eine praktische Notwendigkeit[74].

Bei Auslegungssätzen, die auf diese Weise verstanden werden können, sieht Aarnio es als sinnvoll an, von ihrer Richtigkeit zu sprechen. Diese Auslegung produziert zwar nur hypothetische Sätze, sie ist aber insoweit nicht nur unwissenschaftliches Einwirken auf die Gesellschaft, sondern rational-wissenschaftliche Tätigkeit[75].

Hier findet Aarnio auch einen Berührungspunkt von Rechtswissenschaft und Gesellschaftswissenschaft. Ein soziologisches Element tritt nicht auf, wenn die Folgen der verschiedenen Auslegungen nur in ihrem rechtssystematischen Zusammenhang gesehen werden. Werden aber die

---

[70] Aarnio, Intention, S. 294.

[71] Aarnio, Intention, S. 309.

[72] Aarnio, Intention, S. 313 ff.

[73] v. Wright, Norm, S. 9 ff.

[74] Aarnio, Intention, S. 316 ff.

[75] Aarnio, Intention, S. 321 f.

gesellschaftlichen Folgen einbezogen, so fließen hier Rechtswissenschaft und Rechtssoziologie zusammen[76].

γ) Echte Auslegungssätze

Den Akt der Auswahl einer Auslegungsmöglichkeit als durch eine technische Norm bestimmt anzusehen, ist auch für Aarnio nur eine prinzipielle Möglichkeit. Damit hat er sich noch nicht der Aufgabe entledigt, die tatsächliche wissenschaftliche Praxis zu beschreiben, zumal er die Frage, welche Rolle die technischen Normen tatsächlich spielen, bewußt außer Betracht läßt. Bei einer Auswahl unter verschiedenen Auslegungsmöglichkeiten, die sich nicht auf derartige Normen stützen kann, spricht Aarnio von „echten Auslegungssätzen". Auch bei diesen stellt er die Frage, ob es möglich ist, das Auslegungsergebnis als wahr oder falsch zu beweisen oder ob es nur Ausdruck einer persönlichen Ansicht des Auslegers ist[77].

Da Deduktion und Induktion als klassische Beweisverfahren hier versagen, untersucht Aarnio das Problem aus argumentationstheoretischer Sicht (Viehweg, Toulmin, Perelman). Die argumentative Bestätigung einer Auslegungsbehauptung stellt er unter gewisse Bedingungen.

Die Argumente müssen rechtlich und sachlich relevant sein[78]. Sie müssen einige logische Mindestvoraussetzungen erfüllen, die vor allem die Widerspruchsfreiheit der Argumentation sichern[79]. Die Argumente selbst müssen begründet werden können[80]. Die bestätigenden Argumente müssen schließlich mit ihrer Begründungskraft die Gegenargumente überwiegen[81].

Mit diesem Charakter der Bestätigung als Billigung durch ein Publikum, ist in ihr stets ein wertendes Element mitenthalten. Es stellt sich damit die Frage nach der Objektivität von Wertungen allgemein, nach der objektiven Existenz von Qualitäten. Diese Frage erscheint ihm nicht nur unbeantwortbar, sondern, weil es keine allgemein akzeptierten Kriterien für ihre Entscheidung gibt, falsch gestellt[82]. Wenn von etwas gesagt werde, es sei wertvoll, kann dies nur so verstanden werden, daß es vom Urheber der Äußerung für wertvoll gehalten werde[83].

Die Ausgangsfrage ist damit dahin beantwortet, daß echte Auslegungssätze wegen der Subjektivität der notwendig in ihnen enthaltenen Wertung nicht sinnvoll als wahr oder falsch bezeichnet werden können.

---

76 Aarnio, Intention, S. 322 ff.
77 Aarnio, Intention, S. 326 ff.
78 Aarnio, Intention, S. 342.
79 Aarnio, Intention, S. 343 f.
80 Aarnio, Intention, S. 344.
81 Aarnio, Intention, S. 345.
82 Aarnio, Intention, S. 347 f.
83 Aarnio, Intention, S. 353.

Dieses grundsätzliche Urteil schränkt Aarnio aber ein. Tatsächlich sieht er in den Wertungen verschiedener Individuen doch Übereinstimmungen, die bis zur Einhelligkeit gehen können. Diesen Übereinstimmungen liegt die Verwurzelung der Wertungen in den sozialen Verhältnissen, in denen sie entstanden sind, zugrunde. Diese binden auch den Rechtswissenschaftler, der insoweit Interpret der in den Normen enthaltenen Grundwertungen ist[84]. Damit kann man auch bei den echten Auslegungssätzen von einer Richtigkeit sprechen, allerdings nur relativ auf eine bestimmte Gesellschaft (Publikum)[85].

Es tritt hier als unentbehrlich für ein umfassendes Verständnis der rechtswissenschaftlichen Tätigkeit bei der Auslegung ein soziologisches Moment auf, das die Wertungsgebundenheit der Auslegung zum Ausdruck bringt. Bei den echten Auslegungssätzen fließt notwendig ein soziologisches Element ein, hier sind Rechtswissenschaft und Rechtssoziologie miteinander verflochten[86].

δ) Rechtswissenschaft und finale Erklärung

Diese Ausführungen bezieht Aarnio auf den die ganze Untersuchung begleitenden Gedanken des Verständnisses juristischer Tätigkeit als intentionaler Handlung. Für die Rechtswissenschaft ergeben sich dabei für ihn folgende Differenzierungen: Die finale Erklärung erscheint ihm irrelevant hinsichtlich des ganzen Komplexes der Systematisierung. Wie schon beim Richter sieht er als Voraussetzung der finalen Erklärung eines Verhaltens eine Situation, die eine Auswahl verlangt.

Hierfür reicht es nicht aus, daß verschiedene ideelle Folgen gegeneinander abgewogen werden (innersystematische Wahl). Ausschlaggebend ist die Begründung der Auswahl mit „empirischen" (gesellschaftlichen, tatsächlichen) Folgen. Auch die technischen Normen scheiden hier aus, da der in ihnen enthaltene Befehl nur auf die hypothetischen Prämissen bezogen ist[87].

Die geforderte Intentionalität sieht Aarnio erst da gegeben, wo eine normative Stellungnahme zu den Prämissen selbst vorliegt. Der Wert der finalen Erklärung liegt in der Rückbeziehung der Auswahlhandlung auf ein in den Prämissen angegebenes Ziel, aus dem die Handlung mit praktischer Notwendigkeit folgt. Diese Situation findet Aarnio nur bei den echten Auslegungssätzen. Mit diesen verfolgt der Forscher die Ziele, die er als erstrebenswert ansieht. Sie sind das Mittel, mit dem er auf seine soziale Umgebung Einfluß nimmt[88].

---

[84] Aarnio, Intention, S. 350 ff.

[85] Aarnio, Intention, S. 354.

[86] Aarnio, Intention, S. 363 ff.

[87] Aarnio, Intention, S. 366 f.

[88] Aarnio, Intention, S. 367.

Mit dieser Feststellung beantwortet Aarnio zugleich Kivivuoris These, daß alle Jurisprudenz lediglich soziales Einwirken sei. Aarnio läßt sie nur für den Bereich der echten Auslegungssätze gelten, der zugleich der Anwendungsbereich der finalen Erklärung ist[89].

Jetzt beantwortet er auch die in der Einleitung aufgeworfenen Fragen nach der Stellung von Idealismus (innerer Aspekt — Gesetzespositivismus) und Realismus (äußerer Aspekt — philosophischer Positivismus) in der Rechtswissenschaft und nach der methodischen Kontrollierbarkeit rechtswissenschaftlicher Tätigkeiten. Eine idealistische Haltung, die den inneren Aspekt betont, sieht er bei der systematisierenden Tätigkeit der Rechtswissenschaft, eine realistische bei der Auslegung unter Zuhilfenahme technischer Normen, da diese wesentlich auf Erfahrungswissen beruhe[90].

Da bei der echten Auslegung auch empirische Folgen gegeneinander abgewogen werden, ist sie mit dem Gesetzespositivismus unverträglich[91]. Wegen des in ihr enthaltenen normativ-volitiven Elements weist er sie einer eigenen Gruppe zu[92], die allerdings nicht weiter charakterisiert wird.

Die Frage der methodischen Kontrollierbarkeit ist für die Systematisierung und für die Auslegung mit technischen Normen durch die Feststellung ihrer Wissenschaftlichkeit schon beantwortet. Offen ist sie noch für die echte Auslegung. Aarnio differenziert eine methodische Kontrollierbarkeit im engeren und im weiteren Sinne. Erstere erkennt als Kontrollverfahren nur Deduktion und Induktion an, durch die die echte Auslegung nicht zu beherrschen ist. In einem weiteren Sinne sieht Aarnio aber die Möglichkeit, daß auch die Argumentation eine gewisse Kontrolle gewährt. Diese Kontrolle würde auch die echte Auslegung erfassen[93].

III. Kritik

Wenn oben von einem methodischen Pluralismus gesprochen wurde, so ist das zumindest mißverständlich. Einen Pluralismus im Sinne einer Toleranz, die verschiedene, an sich unvereinbare Standpunkte bei der Betrachtung einer Materie für gleichermaßen legitim hält, wird man bei Aarnio kaum sehen können. Der Monismus, den er ablehnt, ist nur derjenige, der alle juristischen Tätigkeiten mit einer Methode ausgeführt sieht. Dies führt bei ihm zu einer Zerlegung des Stoffes. Für die einzel-

---

[89] Aarnio, Intention, S. 369 ff.
[90] Aarnio, Intention, S. 381.
[91] Aarnio, Intention, S. 383.
[92] Aarnio, Intention, S. 381.
[93] Aarnio, Intention, S. 387.

nen Teile, die sich so ergeben, ist dann aber wieder jeweils *eine* Methode einschlägig.

Dies mag in gewisser Weise schon in seinem Ausgangspunkt angelegt sein, die tatsächlichen juristischen Tätigkeiten beschreiben zu wollen. Sein Interesse richtet sich nicht direkt auf Gegenstand und Funktion des Rechts und indirekt, als von diesen bedingt, auf die juristischen Verfahrensweisen, sondern umgekehrt, direkt auf die Verfahrensweisen und von diesen her, indirekt auf das Recht.

Daß eine solche Sicht berechtigt ist und ergiebig sein kann, soll nicht angezweifelt werden. Nur scheinen sich hieraus einige Beschränkungen zu ergeben, besonders wenn aus dieser Sicht eine Einteilung der Gesamtmaterie vorgenommen wird. Vor allem die Möglichkeit der gleichzeitigen Relevanz verschiedener Aspekte auf denselben Stoff scheint hierbei verdeckt zu werden. Eine theoretische Gesamtschau des Rechts auf diese Weise würde sodann voraussetzen, daß die Darstellung der Verfahrensweisen vollständig ist. Bedenken in dieser Hinsicht berühren den Wert der Arbeit als Untersuchung des Handlungsmoments in den juristischen Tätigkeiten jedoch nicht.

Aarnios theoretische Grundlegung soll hier nur in einem Punkt erörtert werden. Bedenklich erscheint seine Trennung idealistischer und realistischer Standpunkte in der Rechtswissenschaft, insbesondere durch die Zuordnung des „Gesetzespositivismus" — mit dem der Sache nach, da es Aarnio vor allem auf die rational-systematische Methode ankommt, eher der rechtswissenschaftliche Positivismus gemeint sein dürfte — zu den idealistischen Standpunkten.

Aarnio bezieht sich für die Unterscheidung von Idealismus und Realismus auf Alf Ross. Kriterium des Idealismus ist für Ross, daß neben der „world of reality" eine „world of ideas or validity" vorausgesetzt wird, die von den Sinnen unabhängig, apriorisch ist und zu der ein unmittelbarer Zugang durch die Vernunft besteht[1]. Es war gerade eine Errungenschaft des rechtswissenschaftlichen Positivismus, ohne eine apriorisch-metaphysische Begründung auszukommen[2]. In der rational-systematischen Sicht des Rechts als solcher dürfte ein idealistischer Zug nicht zu finden sein.

Als „formalen Idealisten" ordnet Ross Kelsen ein, allerdings nicht wegen der systematischen Aspekte seines Denkgebäudes, sondern wegen der diesem zugrunde liegenden Grundnorm. Durch diese sieht er bei Kelsen das Kriterium des Idealismus formal erfüllt[3].

---

[1] Ross, Law, S. 65.

[2] Vgl. Wieacker, S. 431 f.

[3] Ross, Law, S. 66.

Aarnio dagegen scheint von der Identität von idealistischen und rationalistischen Lehren auszugehen, wenn er sagt: „Es ist also kein Wunder, daß die idealistischen (rationalistischen) Lehren, ob es sich dabei um naturrechtliche oder gesetzespositivistische handelt, bei den Rechtsphilosophen Unzufriedenheit erregt haben[4]."

Aarnios Standpunkt läßt sich vielleicht durch einen sehr engen Begriff realistischer Wissenschaft verstehen, der nur individuell konkrete Gegenstände zuläßt und von dem aus jede begriffliche Operation schon als idealistisch angesehen werden muß. Dafür, daß dies tatsächlich sein Standpunkt ist, sprechen die Ausführungen zu Gegenstand und Methode seiner Untersuchung und seine Unterscheidung „ideeller" und „empirischer" Folgen, wobei die idellen Folgen mit den systematischen, d. h. begrifflichen gleichgesetzt werden[5].

Für diese Haltung findet sich in der Analytischen Philosophie kein Vorbild, auch im skandinavischen Rechtsrealismus findet man allenfalls die Tendenz zur Vernachlässigung systematisch-rationalistischer Aspekte. Möglicherweise kommt es zur Gleichsetzung von Idealismus und Rationalismus bei Aarnio dadurch, daß in der von ihm benutzten Literatur beide in einem Gegensatz zum Realismus gesehen werden. Während Ross idealistische und realistische Einstellungen unterscheidet, stellen Alchourrón und Bulygin Formalismus und Rationalismus in Gegensatz zu Empirismus und Realismus[6]. Die Gleichsetzung verkennt aber, daß Idealismus und Realismus sich bei Ross weltanschaulich und einander ausschließend gegenüber stehen, während bei Alchourrón und Bulygin Rationalismus und Realismus zwei in ihrer Akzentsetzung verschiedene Wissenschaftsmethoden sind, die aber durchaus vereinbar sind[7].

Die Kritik an Aarnios Grundlagen soll hier aber zugunsten einer Erörterung der Ergebnisse nicht weiter ausgeführt werden. Die Kritik konzentriert sich auf drei Fragenkreise, die Frage nach der Darstellbarkeit juristischer Tätigkeiten als praktischer Schluß, die nach der Leistungsfähigkeit der finalen Erklärung in der Jurisprudenz und schließlich die Frage nach einem Verständnis der juristischen Sprache als Normalsprache.

1. Die Bedeutung praktischer Schlüsse in der Jurisprudenz

Aarnios Untersuchung stellt den grundsätzlich zu begrüßenden Versuch dar, mit der Öffnung des Blicks auf die Beziehungen zwischen der gesellschaftlichen Wirklichkeit und der Tätigkeit von Rechtsanwender

[4] Aarnio, Intention, S. 36.

[5] s. auch Aarnio, Intention, S. 366, 380.

[6] Alchourrón / Bulygin, S. 46, 66.

[7] Alchourrón / Bulygin, S. 46 f., 52 f.

und Wissenschaftler, eine Dimension juristischer Tätigkeit, die der Sicht des nur dogmatisch denkenden Juristen oft entzogen ist, in den Bereich rechtswissenschaftlicher Aufmerksamkeit einzubeziehen. Zugleich folgt die Untersuchung mit der Auswertung der Handlungstheorie Makkonens Aufforderung, Denkweisen aus anderen Gebieten aufzugreifen, um sie für die Rechtswissenschaft nutzbar zu machen. Das Bild juristischer Tätigkeiten, das hier gezeichnet wird, gibt aber doch zu Zweifeln Anlaß.

Eine Möglichkeit der Ausweitung der Handlungstheorie in der von Aarnio verfolgten Richtung ist schon bei v. Wright angedeutet:

> „Wenn die Logik der Handlungen bereichert wird durch die Begriffe der Erlaubnis und der Präferenz (und Begriffe, die sich durch diese definieren lassen), scheint sie mir als Rahmen für die Neuformulierung und Diskussion von Gedanken und Problemen hervorragend geeignet zu sein, die mit der utilitaristischen Ethik verbunden sind[8]."

Es ist somit festzuhalten, daß der Hintergrund der Handlungstheorie und der finalen Erklärung durch eine utilitaristische Auffassung menschlicher Verhaltensmotivation geprägt ist.

Aarnios Analyse ließe sich dann so verstehen, daß der Jurist als Praktiker oder Wissenschaftler zwei grundsätzlich verschiedene Haltungen kennt. Solange ihn Rechtssätze leiten, sucht er der Rechtsordnung zugewandt in dieser einen Weg zur Entscheidung seines Falles. Wenn er von dorther eine Entscheidung nicht gewinnen kann, wendet er sich der sozialen Wirklichkeit zu und sucht und verwirklicht seine Zwecke unmittelbar in dieser, d. h. er sucht hier den Nutzen für seine Ziele.

Es soll nicht bestritten werden, daß auch persönliche Vorstellungen und Wertungen des Entscheidenden in sein Urteil einfließen. Zweifelhaft erscheint aber die Unmittelbarkeit des Verhältnisses zwischen der Absicht und ihrer Verwirklichung in der Gesellschaft. Diese Unmittelbarkeit schwächt zwar Aarnio ab, wenn er sagt, daß die Entscheidung zunächst eine Veränderung in der deontischen Welt bewirke. Als deontische Welt versteht er aber nur die Berechtigungen und Verpflichtungen der individuell beteiligten Personen (s. o. C II 2c). Diese Änderung bleibt bei ihm nur Zwischenstation bei der Verfolgung des konkreten Zieles.

Aarnios Analyse scheint ein Moment juristischer Tätigkeit zu übergehen, das sie vielleicht überhaupt erst als „rechtliche" qualifiziert, daß nämlich in jeder gerichtlichen Entscheidung, wie in jeder rechtswissenschaftlichen Problemlösung die Behauptung enthalten ist, daß *dies* Recht sei. Auch da, wo die dem Richter erkennbare vorhandene Rechtsordnung ihm keine klare Anweisung gibt, ist kein rechtsfreier Raum, in dem er frei seine Ziele verfolgen dürfte. Die richterliche wie die wissen-

[8] v. Wright, Handlungslogik. Ein Entwurf S. 102 f.

schaftliche Entscheidung kann man auch in diesem Falle unter dem Anspruch rechtlicher Geltung sehen, und das bedeutet, daß der Entscheidende gehalten ist, sie in die Rechtsordnung einzufügen[9].

Dieser Anspruch verträgt sich aber nicht mit der Ansicht, daß der Richter dort, wo er eine Wahlmöglichkeit hat, seine eigenen Ziele verfolge, es sei denn man scheut die Konsequenz nicht, daß in diesen Fällen Recht ist, was der Richter will[10].

Gegen die Anwendung der Handlungstheorie und der praktischen Syllogismen im Recht ist damit aber noch nichts gesagt. Mit einigen Modifikationen läßt sich diese Kritik durchaus in Aarnios Gerüst einbauen:

In Aarnios Feststellung, daß die Entscheidung zunächst eine Änderung in der deontischen Welt herbeiführe, kann man „deontische Welt" anstatt konkret-individuell auch generell-abstrakt verstehen. Die deontische Welt wäre dann die Rechtsordnung.

Dieses Verständnis wird auch durch die definitionsgemäß vorausgesetzte Änderung, die eine Handlung bewirken muß, nahegelegt. In der konkret-individuell verstandenen deontischen Welt bewirkt jede Entscheidung, gleichgültig, ob sie sich unmittelbar aus vorhandenen Rechtssätzen ableiten läßt oder nicht, eine Änderung, indem z. B. die obsiegende Partei die Zwangsvollstreckung betreiben kann. Aarnio scheint eine Handlung beim institutionalisierten Verhalten — in der Isomorphiesituation — an der fehlenden Intention scheitern zu lassen. Dafür besteht aber kein Grund. Die Intentionalität kann nicht daran scheitern, daß jemand sich verhält, wie er sich verhalten muß. Befehle können Intentionen determinieren, beseitigen sie aber nicht[11].

Der Unterschied zwischen den einzelnen Entscheidungen zeigt sich aber deutlich, wenn die deontische Welt als Rechtsordnung verstanden wird. Kann der Richter einfach einen vorgefunden Satz der Rechtsordnung anwenden, ändert sich an der Rechtsordnung nichts, handelt er also nicht in Bezug auf die Rechtsordnung. Anders, wenn er eine Norm durch Auslegung differenziert, wenn er der Entscheidung einen selbstgebildeten Normsatz zugrunde legt etc. Dann liegt in seiner Entscheidung die Behauptung einer geänderten, d. h. ergänzten, differenzierten etc. Rechtsordnung und damit — subjektiv wenigstens — eine Handlung[12].

---

[9] Vgl. die entsprechende Situation in der Kritik an Makkonen, o. S. 48.

[10] Vgl. diese in den Dezisionismus führende Konsequenz bei Lahtinen, o. S. 28.

[11] v. Wright, Determinismus, S. 142 ff.

[12] Es scheint sich hier um denselben Vorgang zu handeln, der im Präjudizienrecht im anglo-amerikanischen Rechtskreis mit „overruling", „distinguishing" etc. bezeichnet wird.

Auch wenn das Handeln des Entscheidenden so verstanden wird, lassen sich die praktischen Syllogismen anwenden. In der ersten Prämisse findet sich dann allerdings keine auf die konkrete Welt gerichtete Absicht, sondern eine auf die Rechtsordnung zielende Intention. Der Entscheidende verwirklicht primär nicht die von ihm gewollte soziale Wirklichkeit, sondern sein Verständnis der Rechtsordnung.

Hinter den Intentionen hinsichtlich der Rechtsordnung stehen natürlich auch Ziele in der sozialen Wirklichkeit. Das Handeln als juristisches richtet sich auf diese aber nicht unmittelbar. In jedem Falle hat der Entscheidende sich zunächst mit der Rechtsordnung auseinanderzusetzen, die zwischen ihm und der Wirklichkeit steht.

Das scheint auch in dem von Aarnio benutzten Beispiel durch, wenn in der ersten Prämisse der Satz auftritt „Der Richter ist der Ansicht, daß er lebens- und gesundheitsgefährdende Handlungen zu verhüten hat." Dieser Satz läßt sich einerseits vielleicht als gesellschaftspolitische Maxime verstehen, andererseits kann er aber auch bedeuten, daß der Richter sich unter dem Rechtsgebot sieht, den Fall unter einer diesem Gebot entsprechenden Norm zu entscheiden.

Von hier aus ließe sich möglicherweise auch Makkonens Frage nach der Bedeutung allgemeiner Rechtsprinzipien beantworten (s. o. B II 3d). In einer als Handlung verstandenen Beschäftigung mit der Rechtsordnung könnten sie als erste Prämisse eines praktischen Schlusses verwandt werden. Sie wären dann nicht selbst Rechtssätze, sondern der Ausdruck typischer Absichten in Bezug auf die Rechtsordnung.

Die hier geäußerte Kritik ändert gegenüber Aarnios Entwurf nicht nur Richtung und Gegenstand der Entscheidungshandlung, sondern auch ihr Produkt. Das Ergebnis der Handlung ist zunächst nicht eine veränderte soziale Situation, sondern ein Satz. Etwas zugespitzt könnte man die Kritik an Aarnio vielleicht so formulieren, daß auch bei der Notwendigkeit einer Wahl unter mehreren möglichen Entscheidungen der Richter nicht um eine Handlung verlegen ist, sondern um einen (Rechts-)Satz.

Auch hier könnte die Grundlage für Aarnios Ansicht seine Differenzierung der Komplexe „Realismus — empirische Folgen" und „Idealismus — ideelle (systematische) Folgen" sein. Ordnet man die praktischen Schlüsse der ersten Gruppe zu und die theoretischen der zweiten, so scheint mit der Wahl des Ausgangspunkts, des Verständnisses der Entscheidung als Handlung in der konkreten Wirklichkeit, die gesamte Betrachtung auf den ersten Komplex festgelegt und der sprachlich-begriffliche Komplex ausgeschlossen zu sein. Gemäß dem theoretischen Ausgangspunkt hätte die Rechtsordnung als nur sprachlich faßbares Gebilde hier irrelevant zu sein. Insoweit erwiese sich Aarnios Ergebnis als konsequent.

Die Kritik an Aarnios Darstellung der Entscheidungstätigkeit richtet sich entsprechend auch auf seine Untersuchung der rechtswissenschaftlichen Tätigkeit. Dort sagt Aarnio auch ausdrücklich, daß die Tätigkeit des Wissenschaftlers nur dann als Handlung final erklärt werden könne, wenn sie empirische, nicht wenn sie ideelle (systematische) Folgen erwäge.

2. Die Leistung der finalen Erklärung

Mit der finalen Erklärung sieht Aarnio die Möglichkeit eines besseren Verständnisses bestimmter juristischer Tätigkeiten gegeben: (Die Handlungstheorie) „bietet zum Verständnis intentionalen Handelns exaktere Begriffe als die Alltagssprache“[13]. Der hier zum Ausdruck kommende Verstehensaspekt scheint wieder auf die schon früher von Aarnio vertretene „verstehende Rechtswissenschaft“ hinzuweisen. Was die Handlungstheorie und die finale Erklärung für das Verständnis von Handlungen tatsächlich zu leisten vermögen, kann erst eine kritische Betrachtung zeigen, für die in diesem Zusammenhang einige Punkte nur angedeutet werden können.

Eine Warnung, die praktischen Schlüsse in dieser Hinsicht zu überschätzen, hat G. H. v. Wright im „Nachtrag zum ‚Verstehen‘ “ zu seinem Artikel „Über sog. praktisches Schließen“ ausgesprochen:

> „In der Regel sagen wir, wenn wir das Verhalten von Leuten sehen ohne weitere Überlegung, daß sie die und die Handlung ausführen — die Arme heben, gehen oder laufen, Schlösser öffnen oder einander Gegenstände aushändigen. Viele dieser Handlungen können auch wir ausführen; diese und andere, die *wir* nicht tun können, haben ein vertrautes „Aussehen“, eine „Physiognomie“, die wir wiedererkennen. Weiter sind uns unzählige Zwekke bekannt, zu denen diese Handlungen ausgeführt werden können (wenn sie nicht „um ihrer selbst willen“ getan werden). Daher brauchen wir nicht erst das Ziel des Handelnden zu suchen, um sagen zu können, *was* er tut. Nur wenn wir erfahren wollen, warum er das tut, wovon wir bereits zu wissen meinen, daß er es tut, suchen wir bei ihm nach einem bestimmten Gegenstand der Intention[14].“

Wie das Zitat zeigt, trägt die Handlungstheorie zur Klärung von Handlungen bei, die ohne diese Erklärung fremd erscheinen. Man kann sich als Anwendungsfall einen Psychiater denken, der die Handlungen seines Patienten kennt und ihn nach seinen Intentionen fragt, um aus diesen beiden auf seine Wirklichkeitsvorstellungen zu schließen.

Die Handlungstheorie hat aber eigentlich nicht die Funktion einer Erklärungsmethode, sondern sie ist eine Analyse. Es wird primär nicht geklärt, auf welche Weise wir vorgehen müssen, um eine Handlung zu

---

[13] Aarnio, Intention, S. 259.

[14] v. Wright, Über sog. praktisches Schließen, S. 79.

verstehen, sondern es wird gezeigt, wie es kommt, daß wir Handlungen verstehen. Sie ist keine Anweisung zur finalen Erklärung, sondern sie zeigt die logische Struktur solcher Erklärungen und sagt etwas über ihre Zuverlässigkeit aus. Es liegt hier dasselbe Mißverständnis nahe, wie bei der Vorstellung, daß zum folgerichtigen Denken die Kenntnis und Anwendung von Regeln gehöre.

Man könnte in Frage stellen, ob juristische Tätigkeiten je in der Weise fremd sind, daß es unklar wäre, ob und welche Art Tätigkeit bei ihnen vorliegt. Solange man davon ausgeht, daß juristische Tätigkeiten ihrer Natur nach sprachlich sind, dürften keine Zweifel auftreten, da der sprachliche Akt der Entscheidung oder der wissenschaftlichen Äußerung sich selbst erklärt.

Problematisch kann eine Entscheidung oder eine wissenschaftliche Äußerung als Handlung allerdings insofern sein, als es unklar sein kann, ob mit ihr überhaupt die Vorstellung eines Eingriffs in die Rechtsordnung — in dem im vorigen Abschnitt dargelegten Sinne — verbunden war oder wieweit dieser Eingriff seinem Umfang nach gehen sollte. Der erste Fall läge z. B. vor, wenn die betreffende Entscheidung die wahre Rechtslage verkennt, der zweite, wenn sich ihr nicht entnehmen läßt, ob sie sich nur auf einen speziellen Fall bezieht oder ob sie allgemeine Geltung beansprucht. Dann ließe sich eine Klärung durch Rückgriff auf die Intentionen des Richters oder Wissenschaftlers erreichen.

Damit ist aber noch nichts über die Relevanz einer solchen Erklärung gesagt. Die Handlungstheorie geht vom topologischen Baum als wesentlichem Bedingungsrahmen einer Handlung aus. Mit jeder Handlung determiniert der Agent bereits zukünftige Entscheidungen. Diese erklären sich durch frühere Entscheidungen und die dabei hervorgetretenen Intentionen. Diese Art der Erklärung sagt etwas über die Handlung, indem sie etwas über den Handelnden sagt.

Dieses Bild wird man jedoch für Handlungen, die sich als juristische Tätigkeiten verstehen, nicht ohne weiteres akzeptieren können. Jede juristische Äußerung läßt sich in den sprachlich-systematischen Rahmen der Rechtsordnung einordnen. Diese Einordnung läßt sich zwar nach den Intentionen dessen, der sich äußert, vornehmen. Daneben ist aber eine Einordnung auch völlig unabhängig von diesen möglich, aufgrund eigener kritischer Erwägung des Publikums der Äußerung. In diesem Falle verliert die finale Erklärung ihre Bedeutung.

Die Frage nach der Relevanz der finalen Erklärung wird dann zu der, wessen Beurteilung der Auswirkungen einer Äußerung die relevante ist, die des Urhebers der Äußerung oder die des Publikums, einer „juristischen Öffentlichkeit". Die Beantwortung dieser Frage wird mit einem verschiedenen Erklärungsinteresse verschieden ausfallen. Wer etwas über den handelnden Richter wissen will oder über den Wissenschaftler, aus einem historischen, soziologischen oder psychologischen Interesse, der wird wissen wollen, wie der Handelnde sich selbst und seinen Gegenstand versteht und wird eine finale Erklärung von Äußerungen für relevant halten.

Wer aber am Zustand der Rechtsordnung interessiert ist, daran, welche Sätze gelten, den werden Ziele und Intentionen von Richtern und Wissenschaftlern nur präliminar interessieren, soweit sie Argumente für die eigene Stellungnahme bieten. Die Bedeutung einer Äußerung entscheidet sich unter dem juristischen Aspekt nicht mit den Intentionen ihres Urhebers, sondern mit ihren objektiv zu beurteilenden Auswirkungen in der Rechtsordnung. Hierfür ist die finale Erklärung nicht ausschlaggebend[15].

Einer der Gründe für die unterschiedliche Rolle der finalen Erklärung liegt wohl darin, daß die Relevanz dieser Erklärung davon abhängig zu sein scheint, inwieweit mit den Handlungen eine Verfügungsgewalt parallel läuft. Über die Gestaltung seines Lebenslaufs — der Folge seiner Wahlen im topologischen Baum — kann der Einzelne bestimmen. Über den Inhalt der Rechtsordnung kann er aber nicht verfügen.

Eine Verfügungsgewalt über die Rechtsordnung deutet sich aber an bei höchstrichterlichen Entscheidungen und wird deutlich beim Gesetzgeber, den Aarnio in seiner Untersuchung kurz mitbehandelt[16]. Hier könnte die finale Erklärung ein adäquates Mittel sein.

Auch beim Gesetzgeber muß aber nach der Relevanz eines durch finale Erklärung erreichten Verständnisses seiner Tätigkeit gefragt werden. Hier wird man wieder zwischen einem historischen oder soziologischen Interesse, das sich auf die Gründe der Handlung selbst und dem juristischen Interesse am Produkt der Handlung, am Gesetz, unterscheiden müssen. Wegen der besonderen Befugnisse des Gesetzgebers haben seine Intentionen ein größeres Gewicht für das Verständnis der Gesetze, als es die Intentionen von Richter und Wissenschaftler für das Verständnis ihrer Äußerungen haben. Aber auch beim Gesetzgeber ist nach Erlaß des Gesetzes eine objektivierte Betrachtungsweise möglich.

Diese Problematik braucht hier aber nicht vertieft zu werden. Aarnios Standpunkt zeigt ihn als Vertreter einer subjektiv-teleologischen Gesetzesauslegung. Die Frage, ob Erkenntnisziel der Auslegung der Wille des Gesetzgebers oder ein normativer Gesetzessinn ist, ist bekannt und in der Diskussion um die Auslegungsmethoden ausführlich behandelt worden[17].

---

[15] In einer Ausnahmesituation kann man hier den Rechtsanwalt im Prozeß sehen, der für seine Prozeßtaktik an der Auffassung des Gerichts interessiert ist.

[16] Aarnio, Intention, S. 254 ff.

Es ist oben wiederholt darauf hingewiesen worden, daß die finale Erklärung insbesondere im Zusammenhang der Geschichts- und Sozialwissenschaft anwendbar ist. So behandelt sie auch G. H. v. Wright in seinem Werk „Explanation and Understanding“[18]. Auch in der Anwendung auf die Rechtswissenschaft erscheint ihr Blickfeld auf die soziologisch relevanten Aspekte beschränkt. Diese Kritik will nicht die Bedeutung dieses Aspekts leugnen, sie will nur darauf hinweisen, daß er keineswegs der einzige und für die speziell rechtswissenschaftliche Betrachtung wohl nicht der entscheidende ist. Ihr Ergebnis ist, daß die Begrifflichkeit der Handlungstheorie jedenfalls nicht alternativlos ist für die Darstellung der Entscheidungstätigkeit jenseits der Isomorphiesituation und daß ihre Akzentsetzung sogar geeignet ist, wesentliche Aspekte juristischer Tätigkeit zu verdecken.

3. Das normalsprachliche Verständnis juristischer Begriffe

Im letzten Abschnitt dieser Kritik soll noch auf einen Punkt eingegangen werden, der in „Gesetz, Handlung und Intention“ nur noch kurz zur Sprache gekommen ist, in der skizzierten Entwicklung vorher aber eine erhebliche Rolle gespielt hat, das Problem der Bedeutung juristischer Begriffe.

Vorweg wird abzulehnen sein, daß Kap. 2 des finnischen Erbrechtsgesetzes eine Definition des Begriffs Erbe enthält (vgl. o. S. 75). Indem dort der Kreis der erbberechtigten Verwandten aufgezählt wird, wird die Frage „Wer ist Erbe?“ beantwortet, nicht die semantische „Was ist ein Erbe?“[19]. Man könnte hierin aber den Versuch einer extensional hinweisenden Erklärung des Begriffs sehen, so wie man auf die Frage „Was ist ein Buch?“ durch das Vorzeigen von verschiedenen Büchern mit der jeweiligen Antwort „Das ist ein Buch!“ reagieren kann. In der Beschränkung auf solche Begriffserklärungen läge wohl eine sehr strenge realistische Inhaltskontrolle. Das Beispiel des Erben zeigt aber, daß dieses Verfahren bei juristischen Begriffen auf Schwierigkeiten stößt.

Bedenklich ist auch die Verbindung der Frage nach der Wahrheit einer Bedeutungsbehauptung mit dem normalsprachlichen Ansatz und zugleich mit dem Konsens der Mitglieder der Sprachgemeinschaft. Eine eingehende Auseinandersetzung mit diesen Thesen würde eine Darstellung der Philosophie der normalen Sprache erfordern, wie sie im Rahmen dieser Untersuchung nicht geboten werden kann. Die Kritik kann deshalb nur durch einige Anmerkungen angedeutet werden.

Aarnio schreibt:

[17] Vgl. Larenz, S. 315 ff.; Engisch, S. 85 ff.

[18] v. Wright, Explanation, Kap. IV (S. 132 ff); vgl. Determinismus, S. 131 ff.

[19] Vgl. v. Wright, Philosophie, S. 209.

„Nach Wittgensteins Ansicht treten die echten Züge der Sprache am besten hervor, wenn wir den Begriff der *Bedeutung* klären. Er offenbart sich uns nicht im rechten Licht, wenn wir uns die Wörter lediglich als Namen von Dingen denken. Nach Wittgenstein hängt die sprachliche Bedeutung vom *Gebrauch* eines Ausdrucks in dieser Sprache ab[20]."

Diese Ausführung ist nicht durch ein Zitat belegt, offensichtlich steht hinter ihr aber Wittgensteins Feststellung:

„Man kann für eine große Klasse von Fällen der Benützung des Wortes ‚Bedeutung' — wenn auch nicht für alle Fälle seiner Benützung — dieses Wort so erklären: Die Bedeutung eines Wortes ist sein Gebrauch in der Sprache[21]."

Wittgenstein spricht nicht von der Bedeutung von Wörten, sondern von der Bedeutung von „Bedeutung ". Dies tut Aarnio im ersten Satz der zitierten Stelle auch, im letzten geht er aber auf die Bedeutung von Wörtern über.

Wenn er Wittgenstein dann so versteht, daß durch das aufgewiesene Verhältnis von Bedeutung und Gebrauch ein Weg zu authentischeren, differenzierteren Definitionen gezeigt worden sei — und dafür spricht, daß er Bedeutungsbehauptungen an der juristischen Gemeinsprache verifizieren will — liegt hierin wohl ein Mißverständnis. Hiernach ergäbe sich aus dem Gebrauch die Bedeutung, für Wittgenstein *ist* aber der Gebrauch die Bedeutung. Damit wird kein Weg zu einem neuen Definitionsverfahren gezeigt, sondern es wird der Wert von Definitionen überhaupt in Frage gestellt. Wittgenstein beseitigt in den Philosophischen Untersuchungen eine Ebene zwischen Wort und Gebrauch, auf der „gemeinte" oder „verstandene" Bedeutungen zu finden wären und zeigt selbst die befremdliche Konsequenz für die traditionelle Ansicht: „Soll man sagen, ich gebrauche ein Wort, dessen Bedeutung ich nicht kenne, rede also Unsinn? — Sage, was du willst, solange dich das nicht verhindert, zu sehen, wie es sich verhält[22]." Aarnios Verständnis ließe sich dagegen eher als eine besondere Betonung der pragmatischen Sprachdimension auffassen. Hierüber geht die Philosophie der normalen Sprache aber hinaus.

Schließlich muß bezweifelt werden, ob die Sprache der Rechtsordnung und ihre Begrifflichkeit überhaupt normalsprachlich verstanden werden kann. Eine der Thesen, gegen die Wittgenstein sich in den Philosophischen Untersuchungen wendet, ist die des logischen Empirismus, daß eine exakte Kommunikation eine ideale Sprache, die dem Logikkalkül entsprechend aufgebaut sei, verlange. Damit sagt Wittgenstein nicht allgemein etwas gegen Kalküle, er bestreitet nur, daß diese idealen Sprachen besser, vollkommener seien, als die Umgangssprache „und als

[20] Aarnio, Intention, S. 61.

[21] Wittgenstein, Philosophische Untersuchungen I, § 43.

[22] Wittgenstein, Philosophische Untersuchungen I, § 79.

brauche es den Logiker, damit er den Menschen endlich zeigt, wie ein richtiger Satz ausschaut"[23].

Die Sprache, mit der sich Wittgenstein in den Philosophischen Untersuchungen auseinandersetzt, ist vor allem die Sprache der Philosophen und die Philosophen benutzen eine Sprache, die in der Offenheit ihrer Regeln eine Normalsprache ist. Man wird Wittgenstein aber nicht so verstehen dürfen, daß es keinen Mathematiker braucht, damit er den Menschen endlich zeigt, wie eine richtige mathematische Formel ausschaut.

Hier sind die Sätze auf ein System bezogen und richtig, falsch oder möglich in Bezug auf das System. Man kann vielleicht in der Terminologie der Philosophischen Untersuchungen — und so wie Makkonen den Begriff versteht (s. o. B I a. E.) — sagen, daß ein Wissenschaftler, der an einem System als Gegenstand seiner Forschung arbeitet, an einem bestimmten Sprachspiel arbeitet. Dieses Sprachspiel läßt sich möglicherweise so erlernen, wie Aarnio es oben darstellt, daß man sich an seine Begriffe im steten Umgang mit ihnen gewöhnt, mit dem Ergebnis, daß man sie auch richtig anwenden kann. Das betrifft aber nur den psychologischen Vorgang der Aneignung.

Jeder interessierte Laie wird z. B. eine Vorstellung davon haben, was bei einem Flugzeug Auftrieb ist und dieses Wort auch richtig verwenden können. Es ist dazu durchaus nicht erforderlich, daß er Kenntnisse von den bei Strömungen auftretenden Kräften hat. Diese Kenntnisse werden aber erforderlich, wenn die Richtigkeit einer Behauptung über den Auftrieb bestätigt werden soll. Hierzu ist jemand nötig, der sich im System der Physik auskennt, der den wissenschaftlichen physikalischen Kalkül kennt.

Wenn Wittgenstein sich in den Philosophischen Untersuchungen nur mit der Normalsprache beschäftigt, heißt das nicht, daß die kalkülisierende Betrachtung bedeutungslos sei. Sie ist es nur für den von ihm untersuchten Gegenstand.

Welche von beiden Betrachtungsweisen die adäquate ist, hängt von der untersuchten Sprache ab. Es wäre deshalb zu untersuchen, ob die Sprache, der die rechtlichen Begriffe zugehören, als eine Normalsprache oder als eine Systemsprache anzusehen ist. (Hiervon zu unterscheiden ist die Sprache, in der die Juristen *über* ihre Begriffe reden. Diese ist, wie die Sprache der Philosophen eine Normalsprache.)

Wird die Rechtssprache als Normalsprache verstanden, so wäre sie hinsichtlich ihrer Verwendung und damit zugleich hinsichtlich der Bedeutungen autonom. Die Bedeutungen entstünden mit dem Kommunikationszweck. Wird die Rechtssprache aber als Systemsprache verstanden,

[23] Wittgenstein, Philosophische Untersuchungen I, § 81.

so käme es wesentlich auf die Bestätigung ihrer Sätze in diesem System an. Zugleich würde, in umgekehrter Sicht, die Möglichkeit bestehen, in Anwendung der Regeln des Systems die vom System zugelassenen (richtigen) Sätze ohne Rücksicht auf ihre tatsächliche Verwendung zu bilden.

Man kann die Tätigkeit des Richters gerade so ansehen, daß er für die ihm vorgetragenen Ansprüche eine Bestätigung im System der Rechtsordnung sucht, die Tätigkeit des Wissenschaftlers gerade so, daß er die Möglichkeiten des Systems der Rechtsordnung in allen Teilen deutlich zu machen versucht. Die Rechtssprache ist dann als systematische Fachsprache, nicht als Normalsprache anzusehen.

Schlußbetrachtung

In den kritischen Abschnitten dieser Arbeit ist wiederholt die Frage einer Einordnung der drei hier behandelten Autoren in die Analytische Philosophie angesprochen worden. Dabei dürfte auch ein gewisser Vorbehalt gegenüber einer eindeutigen Zuordnung zu jeweils einer bestimmten Richtung dieser Philosophie erkennbar geworden sein.

Leichter dürfte diese Frage zu beantworten sein, wenn vom Selbstverständnis dieser Autoren ausgegangen wird. Makkonen und Aarnio sehen übereinstimmend Lahtinen unter dem Einfluß des logischen Empirismus[1]. Makkonen steht für Aarnio im Übergang vom logischen Empirismus zur Philosophie der normalen Sprache[2]. Bei Aarnio ließe sich die Frage stellen, ob seine analytische Hermeneutik ihren Schwerpunkt überhaupt noch in der Analytischen Philosophie hat. Mit der Hereinnahme der Argumentationstheorie böte sich vielleicht eher der Oberbegriff Wissenschaftstheorie an. Andererseits erhält die Argumentationstheorie bei Aarnio aber einen analytischen Einschlag, indem er sie mit v. Wrights Analyse des Handlungsbegriffs und der finalen Erklärung verbindet.

Die Schwierigkeit einer Einordnung in die Analytische Philosophie ist aber sicher nicht nur bei diesen Autoren zu suchen. Klare Kriterien, was eine Analyse im Sinne dieser Philosophie ist, lassen sich nämlich — wie schon eingangs festgestellt — kaum benennen. Das Wesen der logischen Analyse ist selbst ein Problem der logisch-analytischen Philosophie[3].

Es fällt allerdings auf, daß in dieser Richtung der finnischen Rechtstheorie die moderne Logik und vor allem die deontische Logik kaum eine Rolle gespielt haben. Wo die Logik benutzt wurde, war dies die klassische Syllogistik. Hinzu kommt ein weiterer Umstand, auf den in der Kritik wiederholt aufmerksam gemacht worden ist, die realistische Grundhaltung, die für die Analytische Philosophie kaum kennzeichnend ist. Aufschlußreich ist hier eine Bemerkung von Aarnio:

„Ein geringer Unterschied der Nuancierung zu der Darstellung von Ross besteht darin, daß anstelle von Realismus (erg.: in meiner Darstellung) von Empirismus die Rede ist. Beabsichtigt ist, insbesondere den methodischen

---

1 Vgl. Makkonen, Rechtstheorie, S. 97; Aarnio, Entwicklungslinien, S. 357.

2 Vgl. Aarnio, Entwicklungslinien, S. 362.

3 v. Wright, Philosophie, S. 127; vgl. v. Savigny, Analytische Philosophie, S. 15.

Aspekt der Denkrichtung zu betonen: Der Wissenserwerb hat auf die Methoden der Erfahrungswissenschaft gestützt zu geschehen. In der Sache decken sich Realismus und Empirismus jedoch[4]."

Oben ist in der Kritik an Lahtinen ausgeführt worden, daß zwischen Realismus und Empirismus durchaus ein wesentlicher Unterschied zu sehen ist, der vor allem in den ontologischen Implikationen des ersteren begründet ist.

Über die Herkunft der realistischen Grundhaltung bei allen drei Autoren lassen sich hier nur Vermutungen anstellen. Naheliegend wäre es aber, diese als eine Auswirkung des skandinavischen Rechtsrealismus zu sehen, der so in der finnischen Rechtstheorie das Verhältnis zur Analytischen Philosophie vorbestimmt hätte. So ließe sich auch erklären, daß die Aussagenlogik und ihre Entwicklungen außerhalb des Gesichtskreises dieser rechtstheoretischen Richtung geblieben sind.

Der Frage einer möglichen Bedeutung der Aussagenlogik für die Rechtswissenschaft soll jetzt als Abschluß dieser Arbeit nachgegangen werden.

Die systematische Rechtsordnung wird traditionell als ein System von Begriffen angesehen. Es wird zwar bezweifelt, ob die juristische Tätigkeit sich in logischen Operationen an diesem System erschöpfen kann, weithin wird die Begriffssystematik aber als alternativlos angesehen[5]. Diese Sicht ist vor allem durch den rechtswissenschaftlichen Positivismus geprägt worden. Diesem war eine Materie nur in ihrer begrifflichen Durchbildung erfaßbar. Nur in dieser Gestalt war sie der syllogistischen Logik, die das Verständnis logischer Wissenschaftlichkeit bestimmte, zugänglich (vgl. Einl.).

Es ließe sich die Frage stellen, ob die logischen Verhältnisse innerhalb der Rechtsordnung sich in der traditionellen Logik befriedigend darstellen lassen. Diese Frage setzt aber, um sinnvoll zu sein, schon ein weitergehendes Verständnis von Logik voraus. Denn der Syllogistik kann überhaupt ein Verhältnis nur logisch erscheinen, wenn es sich syllogistisch darstellen läßt. Die Frage beantwortete sich damit selbst.

Man kann aber versuchen, auf einem Umweg eine Antwort zu erhalten. Es ist in der Einleitung von den beschränkten Möglichkeiten der Syllogistik die Rede gewesen. Es scheinen sich jetzt zwei Möglichkeiten zu zeigen, entweder die Logik der Rechtsordnung braucht tatsächlich nur die syllogistischen Schlüsse oder das System der Rechtsordnung ist nicht in allen Teilen logisch aufgebaut.

Gegen die erste Möglichkeit scheint zu sprechen, daß schon ein so elementarer Begriff wie „Rechtsverhältnis" eine Logik erfordert, in der

---

[4] Aarnio, Intention, S. 23.

[5] Anders z. B. Alchourrón / Bulygin, Normative Systems.

sich Beziehungen darstellen lassen, die komplexer sind als die syllogistischen Klassenbeziehungen. In jedem Rechtsverhältnis sind nämlich mindestens drei Beziehungen enthalten, die der Parteien zueinander und die der Parteien zum Gegenstand des Rechtsverhältnisses. Andererseits ließe dies erwarten, daß die traditionelle Logik in der Rechtswissenschaft ein völlig ungeeignetes Mittel darstellt. So ist es aber keineswegs. Vielmehr hat sie sich beim Aufbau einer systematischen Rechtsordnung offensichtlich bewährt.

Der Weg, auf dem die rechtswissenschaftliche Praxis das aufgezeigte Dilemma überwindet, könnte in folgendem Gedankengang liegen: Die Rechtsstellung des Erben z. B. läßt sich großenteils durch Syllogismen darstellen. Dies ist nicht mehr möglich, wenn zu dem Umstand, daß jemand Erbe ist, der weitere tritt, daß neben ihm andere in gleicher Weise berechtigt sind. Das Verhältnis unter ihnen ist durch eine Vielzahl von Beziehungen gekennzeichnet, und diese sind bestimmend für das Verhältnis jedes Beteiligten zur Erbmasse.

Ein Ausweg — und hierin könnte man die Überwindung des Dilemmas sehen — besteht darin, die Beziehungen in einer Klasse zusammenzufassen und diese Klasse durch einen Begriff, im Beispiel „Miterbe“, zu benennen. Dieser Begriff ermöglicht wieder die syllogistische Darstellung.

Theoretisch gesprochen wird dort, wo die Darstellung für die traditionelle Logik in Schwierigkeiten gerät, ein Begriff eingesetzt, der die komplexe logische Struktur in sich aufnimmt und es gestattet, die vorhandenen Beziehungen formal als syllogistische Klassenbeziehungen darzustellen. Dabei wird aus dem logischen Problem ein Problem der Begriffsbedeutung. In ihrer Funktion entsprächen diese Begriffe dann mathematischen Parametern. Auch diese erlauben die vereinfachte Darstellung komplexer Abhängigkeiten durch die Wahl einer Bezugsgröße, die selbst zusammengesetzt ist und so einen Teil der Komplexität in sich aufnimmt. Es liegt nahe, denselben Gedanken auch in umgekehrter Richtung zu verfolgen, anstatt von den Beziehungen zum Begriff, vom Begriff zurück zu den Beziehungen.

Die Bestimmung des Eigentums z. B. als Zusammenfassung von Befugnissen findet sich schon im römischen Recht (als Vereinigung von ius utendi, fruendi und abutendi)[6]. Sie ist auch in der Rechtswissenschaft ganz üblich. In jedem Lehrbuch werden der Begriff des Eigentums oder des Erben erklärt, indem die mit der jeweiligen Rechtsstellung verbundenen Rechte und Pflichten dargestellt werden. Streitig ist aber, ob der Begriff mit der Aufzählung dieser Rechte und Pflichten erschöpft ist (nominalbegriffliches Verständnis) oder ob er auch ein von diesen unabhängiges, selbständiges Substrat hat (realbegriffliches Verständnis)[7].

[6] Vgl. Kaser, Eigentum, S. 306 ff.

In der modernen Theorie dürfte das nominalbegriffliche Verständnis von Rechtsbegriffen vorherrschen. Diesen Standpunkt stützt auch die hier vertretene These, daß bestimmte Rechtsbegriffe als Parameter, als von einer beschränkten Logik benötigte Hilfsmittel verstanden werden können.

Innerhalb der nominalbegrifflichen Auffassungen finden sich aber wenigstens zwei wesentliche Unterschiede. Bei einigen Autoren führt die Analyse des komplexen Begriffs zu anderen einfacheren Begriffen. Neben der erwähnten Auffassung des römischen Rechts, ließen sich hier Hohfeld nennen, der bei der Analyse von Berechtigungen ein Funktionsschema benutzt, in dem die Begriffe duty, no-right, privilege, power u. a. zueinander in Beziehung gesetzt werden[8], oder Lawson, der das Eigentum als ein „bundle of rights" sieht[9]. Bei anderen führt die Analyse nicht zu Begriffen, sondern zu Sätzen. Hier ließe sich Ross nennen, dem Makkonen bei der Untersuchung des Begriffs subjektives Recht folgt und den Aarnio in der „Rechtsstellung des Erben" und auch in „Gesetz, Handlung und Intention" heranzieht. Ross sieht den Begriff des Eigentums als die Verbindung von p bedingenden Tatsachen *(F)* mit n rechtlichen Folgen (C), aus denen sich $p \cdot n$ Rechtssätze ergeben[10]. Hier ließe sich vielleicht auch Jhering nennen, der sagt:

> „Alle unsere Begriffe, Eintheilungen sind praktische Potenzen; gewonnen aus Rechts*sätzen,* lassen sie sich jederzeit von dem, der es versteht, auf sie zurückführen[11]."

Die zweite Unterscheidung zeigt auf der einen Seite Hohfeld und auf der anderen alle anderen hier genannten Autoren. Bei diesen ist das Ergebnis der Analyse eine einfache Summe von Begriffen oder Rechtssätzen. Das Ganze ist für sie tatsächlich nicht mehr als die Summe seiner Teile. Bei Hohfeld dagegen werden die Begriffe in einer Struktur gezeigt, sie bilden das Ganze erst durch die sie verbindende Struktur. Man könnte hier von einem gemäßigten Nominalismus sprechen, wie ihn in der Scholastik Abelaerd vertreten hat[12].

Die oben aufgestellte These über den Zwang zur Begrifflichkeit durch das syllogistische Denken würde sich diesem gemäßigten Nominalismus anschließen. Nach ihr ist es gerade die Kompliziertheit der Struktur des Rechtsverhältnisses, die den Begriff erforderlich macht. Der Begriff ist nicht *lediglich* Darstellungsmittel (Ross) und dient nicht *nur* der Sprachökonomie (Aarnio), obwohl er diese Funktionen auch wahrnimmt. Wesentlich sind die in ihm aufbewahrten Beziehungen.

---

[7] Vgl. Schmidt, S. 263 ff.

[8] Hohfeld, S. 35 ff.

[9] Lawson, S. 1 ff.

[10] Ross, Law, S. 171 f.

[11] Jhering II, S. 366.

[12] Vgl. Berman, S. 920.

Hohfelds Analyse würde sich die These nicht anschließen, insofern sie auf einer anderen Ebene wieder zu Begriffen führt. In der damit angesprochenen ersten Unterscheidung würde sie sich auf die Seite von Ross und Jhering stellen. Die Beziehungen in Rechtsverhältnissen werden letztlich nicht durch Begriffe hergestellt, sondern durch Rechtssätze, die Handlungen erlauben, befehlen oder verbieten.

Die beiden hier gewählten Standpunkte, daß die Rechtsordnung aus Rechtssätzen aufgebaut ist und daß es wesentlich auf die logischen Beziehungen unter diesen ankommt, stellt die traditionelle Logik vor ein tieferreichendes Problem, als die Beschränktheit der in ihr darstellbaren logischen Schlüsse. Rechtssätze als Aussagen über erlaubtes, verbotenes oder befohlenes Tun sind ihr unmittelbar überhaupt unzugänglich, da sie nur mit Begriffen umgehen kann.

Eine Auseinandersetzung mit diesem Problem findet sich bei Aarnio:

„Die Systematisierung in der Rechtswissenschaft beruht jedoch auf einer völligen Trennung der Rechtssätze und des diese gliedernden Systems. Auf der einen Seite stehen die (inhaltlich geklärten) Normen und auf der anderen Seite steht die Begriffskonstruktion, welche die Normen darstellt[13].“

Dies ist die einzige der traditionellen Logik mögliche Lösung des Dilemmas, es einerseits mit Sätzen und andererseits mit logischen Beziehungen unter diesen zu tun zu haben. Dieser Umstand ist aber gerade Bedingung für die Anwendbarkeit der Aussagenlogik, die mit der deontischen Logik ein Werkzeug zur Darstellung der Rechtsbegriffen zugrundeliegenden Beziehungen von erlaubenden, verbietenden und befehlenden Sätzen zur Verfügung stellt.

Die Aufgabe dieser Logik wäre nicht so sehr eine Axiomatisierung der Rechtsordnung mit dem Ziel, einen Kalkül zu schaffen, in dem sich die Logik juristischer Folgerungen zeigen läßt. Diesem Ziel dienen die meisten Rechtslogiken und hier macht auch die Darstellung von Alchourrón und Bulygin keine Ausnahme[14].

Die Aufgabe der Logik wäre hier eine begrenztere. Wenn Rechtsbegriffe als Zusammenfassungen von Rechtssätzen, die in logischen Beziehungen zueinander stehen, angesehen werden, besteht ein Bedürfnis, dies explizit darzustellen. Diese Darstellung wäre die Antwort auf die Frage nach der Bedeutung des Begriffs und ermöglichte zugleich eine Kontrolle seiner Anwendung. Zur Abgrenzung dieser Aufgabe der Logik von der vorgenannten kann man Philipp Hecks Unterscheidung von „äußerem“ und „innerem System“ heranziehen. Wie in Hecks äußerem

---

[13] Aarnio, Intention, S. 265; vgl. o. S. 73.

[14] Vgl. Alchourrón / Bulygin, S. 67 f.

System geht es hier um die sichtbarmachende Darstellung, nicht um die Normgewinnung[15].

Durch eine solche Analyse kann der Begriff aber natürlich nicht verdrängt werden. In seiner von Ross und Aarnio zurecht betonten Funktion als Darstellungs- und Kommunikationsmittel ist er praktisch unersetzlich. Insoweit besteht eine Notwendigkeit der Begriffsschöpfung. Hierin liegt aber zugleich eine Versuchung und Gefahr. Durch die Begriffsschöpfung ist es offenbar möglich, komplizierte Denkmodelle zu vereinfachen. Dies mag ein Vorteil für die Kommunikation sein, in der Argumentation besteht die Gefahr, daß der Begriff die ihm zugrundeliegende logische Struktur verdeckt.

---

[15] Heck, S. 142 f.

Literaturverzeichnis

Aarnio	zitiert: Aussichten Aulis Aarnio, Juridisen tutkimuksen näköaloja (Aussichten der juristischen Forschung), in: Tidskrift, utgiven af Juridiska Föreningen i Finland, 1969 S. 371 ff. zitiert: Entwicklungslinien Aulis Aarnio, Suomalaisen oikeusteorian kehityspiirteitä (Entwicklungslinien der Rechtstheorie in Finnland), in: Lakimies, 1973 S. 339 ff. zitiert: Erbe Aulis Aarnio, Perillisen oikeusasemasta (Die Rechtsstellung des Erben), Porvoo — Helsinki 1967. zitiert: Grundlagen Aulis Aarnio, Oikeudellisen ajattelun perusteista (Die Grundlagen des Rechtsdenkens), Vammala 1971. zitiert: Intention Aulis Aarnio, Laki, teko ja tavoite (Gesetz, Handlung und Intention), Forssa 1975. zitiert: Rechtfertigung Justifiointi ja selittäminen (Über die Rechtfertigung von Urteilen), in: Lakimies, 1974 S. 305 ff. zitiert: Testamentsrechtliche Fragen Aulis Aarnio, Kysymyksiä testamenttioikeuden alalta (Testamentsrechtliche Fragen), Vammala 1969. zitiert: Verfremdung Aulis Aarnio, Oikeustieteen vieraantuminen (Die Verfremdung der Rechtswissenschaft), in: Lakimies, 1971 S. 456 ff.
Aarnio / Tuori / Heinonen	Aulis Aarnio, Olavi Heinonen, Kaarlo Tuori (Hrsg.), Suomen oikeus (Finnisches Recht), 2 Bände, Helsinki 1975.
Alchourrón / Bulygin	Carlos E. Alchourrón, Eugenio Bulygin, Normative Systems, Wien — New York 1971.
Aristoteles	Aristoteles, Nikomachische Ethik, Darmstadt 1967.
Aubert	Vilhelm Aubert, Logisk analyse og sosiologi i rettsvitenskapen (Logische Analyse und Soziologie in der Rechtswissenschaft), in: Svensk juristtidning, 1952 S. 524 ff.
Austin	John L. Austin, How to do Things with Words, Cambridge (Mass.) 1962.
Berman	Harold J. Berman, The Origins of Western Legal Science, in: Harvard Law Review, 1977 S. 894 ff.
Blomstedt	Yrjö Blomstedt, A Historical Background of the Finnish Legal System, in: The Finnish Legal System, Helsinki 1966, S. 7 ff.

Bochenski / Menne	I. M. Bochenski, Albert Menne, Grundriß der Logistik, Paderborn 1962.
Bohnert	H. G. Bohnert, The Semiotic Status of Commands, in: Philosophy of Science Bd. 12 (1945) S. 302 ff.
Carnap	zitiert: Aufbau Rudolf Carnap, Der logische Aufbau der Welt, Hamburg 1974. zitiert: Syntax Rudolf Carnap, Logische Syntax der Sprache, Wien — New York 1968.
Carnap / Stegmüller	Rudolf Carnap, Wolfgang Stegmüller, Induktive Logik und Wahrscheinlichkeit, Wien 1959.
Cohen	L. Jonathan Cohen, The Implications of Induction, 1970.
Engisch	Karl Engisch, Einführung in das juristische Denken, Stuttgart — Berlin — Köln — Mainz 1975.
Geiger	Theodor Geiger, Vorstudien zu einer Soziologie des Rechts, Kopenhagen 1947.
Goodman	N. Goodman, The Structure of appearence, New Haven (Conn.) 1951.
Hanson	W. H. Hanson, A Logic of Commands, in: Logique et Analyse 9 (1966) S. 329 ff.
Hart	H. L. A. Hart, The Ascription of Responsability and Rights, in: Logic and Language, First series, Oxford 1966. H. L. A. Hart, The Concept of Law, Oxford 1961.
Heck	Philipp Heck, Begriffsbildung und Interessenjurisprudenz, Tübingen 1932.
Hofstadter / McKinsey	Albert Hofstadter, J. C. C. McKinsey, On the Logic of Imperatives, in: Philosophy of Science Bd. 6 (1939) S. 446 ff.
Hohfeld	W. N. Hohfeld, Fundamental Legal Conceptions, New Haven 1964.
Horn	Dieter Horn, Besprechung von Makkonen, Entscheidung, in: Rechtstheorie 1970, S. 229 ff.
Horovitz	Joseph Horovitz, Law and Logic, 1972.
Jhering	Joseph von Jhering, Der Geist des römischen Rechts auf den verschiedenen Stufen seiner Entwicklung. 2. Teil, 2. Abt., Leipzig 1869 3. Teil, 1. Abt., Leipzig 1906
Jørgensen	zitiert: Imperatives Jørgen Jørgensen, Imperatives and Logic, in: Erkenntnis Bd. 7 (1937/8) S. 288 ff. zitiert: Einführung Jørgen Jørgensen, Inledning til logikken og metodelaeren (Einführung in die Logik und Methodenlehre), Kopenhagen 1942.

Kaila — Eino Kaila, Die perzeptuellen und konzeptuellen Komponenten der Alltagserfahrung, in: Acta Philosophica Fennica XIII, Helsinki 1962.

Kaser — zitiert: Römisches Privatrecht
Max Kaser, Römisches Privatrecht, München 1976.

zitiert: Eigentum
Max Kaser, Eigentum und Besitz im älteren Römischen Recht, Forschungen zum Römischen Recht I, 1 1943.

Kivivuori — Antti Kivivuori, Suomen vahingonkorvauslainsäädännön kehitys I (Die Entwicklung der Gesetzgebung zum Schadensersatzrecht in Finnland I), Joensuu 1969.

Antti Kivivuori, Politische Rechtswissenschaft, 1971.

Lahtinen — Zum Aufbau der rechtlichen Grundlagen, Helsinki 1951.

Larenz — Karl Larenz, Methodenlehre der Rechtswissenschaft, Berlin — Göttingen — Heidelberg 1975.

Lawson — F. H. Lawson, The Law of Property, 1958.

Lukasiewicz — Jan Lukasiewicz, Aristotle's Syllogistic, Oxford 1957.

Maier — H. Maier, Die Syllogistik des Aristoteles Bd. II, 2, Tübingen 1900.

Makkonen — zitiert: Entscheidung
Kaarle Makkonen, Zur Problematik der juridischen Entscheidung, Turku 1965.

zitiert: Finnische Rechtstheorie
Kaarle Makkonen, Der Stand der finnischen Rechtstheorie, in: Rechtstheorie 1970 S. 96 ff.

zitiert: Ideengeschichte
Kaarle Makkonen, Mietteitä oikeustieteen aatehistoriasta (Überlegungen zur Ideengeschichte der Rechtswissenschaft), in: Lakimies 1971 S. 456 ff.

zitiert: Logische Analyse
Kaarle Makkonen, Ajatuksia juridisen kielen loogisesta analyysista (Gedanken zur logischen Analyse der Rechtssprache), in: Lakimies 1959 S. 49 ff.

zitiert: Subjektives Recht
Kaarle Makkonen, Der Ausdruck „subjektives Recht" in der juristischen Sprache, in: Ius Humanum. Studia in honorem Otto Brusiin, Turku 1966, S. 112 ff.

Merikoski — V. Merikoski, Suomen julkisoikeuden oppikirja (Lehrbuch des finnischen öffentlichen Rechts) Bd. 1, Porvoo 1944.

Nagel — Ernest Nagel, The Structure of Science, London 1971.

Olivecrona — Karl Olivecrona, Rätt och dom (Recht und Urteil), Stockholm 1960.

Quine — W. O. V. Quine, On what there is, in: From a Logical Point of View, Cambridge (Mass.) 1953 S. 1 ff.

Ross — zitiert: Imperatives
Imperatives and Logic, in: Philosophy of Science Bd. 11 (1944) S. 30 ff.

zitiert: Law
On Law and Justice, London 1958.

Savigny — Eike von Savigny, Analytische Philosophie, Freiburg — München o. J.

Schmidt — Jürgen Schmidt, Aktionsberechtigung und Vermögensberechtigung, Köln — Berlin — Bonn — München 1969.

Stegmüller — Wolfgang Stegmüller, Hauptströmungen der Gegenwartsphilosophie, 2 Bde., Stuttgart o. J. (5. Aufl.).

Thon — August Thon, Rechtsnorm und subjektives Recht, Weimar 1878.

Vogel — Hans-Heinrich Vogel, Der skandinavische Rechtsrealismus, Frankfurt 1972.

Wagner / Haag — Heinz Wagner, Karl Haag, Die moderne Logik in der Rechtswissenschaft, Berlin — Zürich o. J.

Weinberger — Ota Weinberger, Rechtslogik, Wien — New York 1970.

Wieacker — Franz Wieacker, Privatrechtsgeschichte der Neuzeit, Göttingen 1967.

Winch — Peter Winch, The Idea of Social Science, London 1970.

Windscheid — Bernhard Windscheid, Lehrbuch des Pandektenrechts I, Frankfurt 1891.

Wittgenstein — Ludwig Wittgenstein, Philosophische Untersuchungen, Frankfurt o. J.

Wright — zitiert: Deontische Logik
G. H. v. Wright, Deontische Logik: in: Handlung, Norm und Intention, Berlin — New York 1977, S. 1 ff.

zitiert: Determinismus
G. H. v. Wright, Determinismus in den Geschichts- und Sozialwissenschaften. Ein Entwurf, in: Handlung, Norm und Intention, Berlin — New York 1977 S. 130 ff.

zitiert: Essay
G. H. v. Wright, An Essay in Deontic Logic and the General Theory of Action, Amsterdam 1968.

zitiert: Explanation
G. H. v. Wright, Explanation and Understanding, London o. J.

zitiert: Handlungslogik
G. H. v. Wright, Handlungslogik, in: Handlung, Norm und Intention, Berlin — New York 1977 S. 105 ff.

zitiert: Handlungslogik. Ein Entwurf
G. H. v. Wright, Handlungslogik. Ein Entwurf, in: Handlung, Norm und Intention, Berlin — New York 1977 S. 83 ff.

zitiert: Norm
G. H. v. Wright, Norm and Action, London 1963.

zitiert: Philosophie
G. H. v. Wright, Logiikka, filosofia ja kieli (Logik, Philosopohie und Sprache), Helsinki 1968.

Wright zitiert: Praktisches Schließen
G. H. v. Wright, Praktisches Schließen, in: Handlung, Norm und Intention, Berlin — New York 1977 S. 41 ff.

zitiert: Über sogenanntes praktisches Schließen
G. H. v. Wright, Über sogenanntes praktisches Schließen, in: Handlung, Norm und Intention, Berlin — New York 1977 S. 61 ff.

FSC
www.fsc.org
MIX
Papier | Fördert gute Waldnutzung
FSC® C083411

Kolibri 360 GmbH
Ferdinand-Jühlke-Straße 7
99095 Erfurt, Deutschland
produktsicherheit@kolibri360.de

Druck:
CPI Druckdienstleistungen GmbH
im Auftrag der
Kolibri 360 GmbH
Ferdinand-Jühlke-Str. 7
99095 Erfurt